Die Kraft eines positiven Denkens: Vei heraus

Autor: Lucas Martin

Verlag: At Triangle GmbH

November 2024, Chiba

Die Kraft eines positiven Denkens: Verändere dein Leben von innen heraus

Copyright © 2024 Lucas Martin. Alle Rechte vorbehalten.

Keine Teile dieses Buches dürfen ohne ausdrückliche Genehmigung des Autors und des Verlages in irgendeiner Form oder durch irgendwelche Mittel reproduziert oder übertragen werden, außer in den gesetzlich zulässigen Fällen.

Erstausgabe, November 2024

Veröffentlicht in Chiba, Japan

Inhaltsverzeichnis

Vorwort 6
Einleitung 7
   Die Kraft einer positiven Denkweise 7
   Die Wissenschaft hinter positivem Denken 7
   Wie dieses Buch Ihr Leben verändern kann 8
Kapitel 1: Die Grundlagen des positiven Denkens 10
   1. Wie Gedanken unsere Realität formen 10
   2. Der Unterschied zwischen positivem Denken und blindem Optimismus 12
   3. Alltägliche Beispiele für positives Denken 14
   4. Schritte, um noch heute mit einer Denkweise-Veränderung zu beginnen 16
Kapitel 2: Negative Gedanken erkennen und transformieren 20
   1. Negative Gedanken verstehen und ihre Auswirkungen 20
   2. Techniken zur Erkennung negativer Denkmuster 22
   3. Methoden, um von negativem zu positivem Denken zu wechseln ... 24
   4. Den Fokus auf positive Gedanken halten 27
Kapitel 3: Positive Gewohnheiten im Alltag entwickeln 30
   1. Die Bedeutung von Gewohnheiten für ein positives Denken ... 30
   2. Den Tag mit einer positiven Einstellung beginnen 32
   3. Dankbarkeitsübungen im Alltag 34
   4. Positivität in alle Lebensbereiche integrieren 36
Kapitel 4: Den Geist durch Herausforderungen und Rückschläge stärken 40
   1. Scheitern als Lernchance neu betrachten 40
   2. Techniken, um in schwierigen Zeiten ruhig zu bleiben 42
   3. Aus Fehlern lernen und vorwärts gehen 44
   4. Die Rolle der Resilienz im positiven Denken 47
Kapitel 5: Die Wissenschaft der positiven Visualisierung 50
   1. Visualisierung verstehen und ihre Wirkung auf den Geist 50

   2. Techniken für eine klare Zielvisualisierung 52
   3. Visualisierungsübungen, um Erfolg anzuziehen 54
   4. Visualisierung in den Alltag einbauen 57
Kapitel 6: Vergebung praktizieren und loslassen 60
   1. Warum Vergebung für inneren Frieden unerlässlich ist 60
   2. Techniken, um sich selbst und anderen zu vergeben 62
   3. Loslassen von Groll und nach vorne schauen 65
   4. Emotionale Vorteile von Vergebung und Loslassen 67
Kapitel 7: Ein positives Selbstbild aufbauen 70
   1. Die Verbindung zwischen Selbstbild und persönlichem Erfolg 70
   2. Techniken, um Selbstwertgefühl und Selbstvertrauen zu stärken 72
   3. Selbstkritik und einschränkende Gedanken überwinden 74
   4. Die Bedeutung, sein eigener bester Freund zu sein 77
Kapitel 8: Beziehungen mit einer positiven Einstellung gestalten 80
   1. Die Auswirkungen positiven Denkens auf Beziehungen 80
   2. Empathische und konstruktive Kommunikation fördern 82
   3. Giftige Beziehungen erkennen und vermeiden 84
   4. Tiefe, bedeutungsvolle Verbindungen schaffen 86
Kapitel 9: Werkzeuge zur langfristigen Aufrechterhaltung von Positivität
.... 90
   1. Strategien für schwierige Tage 90
   2. Ein unterstützendes Umfeld für Wachstum schaffen 92
   3. Emotionales und mentales Burnout vermeiden 94
   4. Die Macht der Beständigkeit im positiven Denken 97
Kapitel 10: Eine positive Lebensvision entwerfen 100
   1. Deine Vision für ein positives Leben definieren 100
   2. Ziele setzen, die deinen Werten entsprechen 102
   3. Kleine Erfolge auf dem Weg feiern 104
   4. Deine Reise, um dein Leben von innen heraus zu verändern 107
Schlussfolgerung 110
   Danksagungen 111

Empfohlene Ressourcen 112
Selbstbewertung und zusätzliche Übungen 112
Über den Autor... 113
Einladung zu Feedback 114
Urheberrechtshinweis... 114

Vorwort

Herzlich willkommen zu *Die Kraft eines positiven Denkens*. Dieses Buch ist ein Werkzeug, das Ihnen hilft, die transformative Wirkung einer positiven Denkweise in Ihr Leben zu integrieren. Vielleicht fragen Sie sich, warum das Denken so entscheidend für unser Leben ist. Die Antwort ist einfach: Unsere Gedanken formen unsere Wahrnehmung, unsere Entscheidungen und letztendlich unser Leben.

In den kommenden Kapiteln werden Sie Techniken kennenlernen, die Ihnen helfen, negative Denkmuster zu erkennen und zu transformieren, positive Gewohnheiten zu etablieren und Ihre Resilienz gegenüber Rückschlägen zu stärken. Diese Methoden basieren auf wissenschaftlichen Erkenntnissen und praktischen Erfahrungen, die Menschen weltweit zu einem erfüllteren und glücklicheren Leben verholfen haben.

Dieses Buch richtet sich an jeden, der bereit ist, neue Perspektiven zu entdecken und den Mut aufbringt, sein Leben von innen heraus zu verändern. Es ist mein Wunsch, dass Sie mit den hier vermittelten Werkzeugen und Einsichten eine starke Grundlage schaffen, um die Höhen und Tiefen des Lebens mit einer positiven Einstellung zu meistern.

Nehmen Sie sich die Zeit, die Inhalte dieses Buches auf sich wirken zu lassen, und gehen Sie in Ihrem eigenen Tempo vor. Die Reise zu einem positiven Leben beginnt mit dem ersten Schritt – einem bewussten Gedanken.

Ich wünsche Ihnen auf diesem Weg viel Erfolg und freue mich darauf, Sie durch die Seiten dieses Buches zu begleiten.

Mit den besten Wünschen,
Lucas Martin

Einleitung

Die Kraft einer positiven Denkweise

Stellen Sie sich ein Leben vor, in dem Sie Herausforderungen als Chancen betrachten und in schwierigen Momenten eine Bedeutung und ein Potenzial für persönliches Wachstum erkennen. Die Kraft einer positiven Denkweise besteht nicht darin, die Schwierigkeiten des Lebens zu ignorieren oder so zu tun, als wäre alles perfekt. Vielmehr geht es darum, die Realität voll und ganz anzunehmen und gleichzeitig zu lernen, auf eine Weise darauf zu reagieren, die Resilienz aufbaut und ein Gefühl von Hoffnung und Sinn vermittelt.

Eine positive Denkweise ist keine blinde Optimismus-Kampagne; sie ist eine geschickte Herangehensweise an das Leben, die uns hilft, uns selbst und die Welt um uns herum neu zu betrachten. Menschen, die diese Denkweise kultivieren, haben keineswegs weniger Probleme als andere, aber sie gehen Herausforderungen anders an. Sie betrachten Rückschläge nicht als Versagen, sondern als Lektionen und sehen schwierige Erfahrungen als Gelegenheiten, Stärke und Charakter zu entwickeln. Positives Denken bedeutet also nicht, in jedem Moment optimistisch zu sein, sondern eine ausgeglichene Perspektive einzunehmen, die den Fokus auf Wachstum und Möglichkeiten legt.

Wissenschaftliche Studien untermauern die transformative Kraft dieser Denkweise. Untersuchungen zeigen, dass positives Denken die Gehirnchemie verändert, indem Dopamin und Serotonin freigesetzt werden – Neurotransmitter, die unsere Stimmung, Motivation und Resilienz fördern. Diese chemischen Veränderungen unterstützen uns dabei, auch in schwierigen Zeiten das Gute im Leben zu erkennen und ermutigen uns, weiterzugehen, selbst wenn der Weg steinig wird. Mit der Zeit können diese Schaltkreise im Gehirn sogar neue neuronale Bahnen bilden, die es uns erleichtern, positiv zu denken.

Doch eine positive Denkweise entwickelt sich nicht über Nacht. Sie ist keine schnelle Lösung, sondern ein langfristiger Prozess, der kontinuierliches Üben und bewusste Entscheidungen erfordert. Indem wir uns dafür entscheiden, das Mögliche statt das Fehlende zu sehen, öffnen wir Türen zu persönlichem Wachstum, tieferen Beziehungen und einem Leben voller Sinn und Erfüllung. Dieses Buch bietet Ihnen Werkzeuge, um diese Kraft zu nutzen und eine Denkweise zu entwickeln, die Sie dabei unterstützt, das Beste aus sich herauszuholen und auf Ihrem Weg zur besten Version Ihrer selbst zu wachsen.

Die Wissenschaft hinter positivem Denken

Positives Denken erscheint auf den ersten Blick wie eine einfache Methode, um unsere Lebenseinstellung zu verbessern, doch dahinter verbirgt sich eine erstaunliche Tiefe. Forschungen haben gezeigt, dass unsere Gedanken unsere Gehirnchemie erheblich beeinflussen und damit unser allgemeines Wohlbefinden. Wenn wir positiv denken, setzt unser Gehirn eine Kaskade von sogenannten "Glückshormonen" wie Dopamin und Serotonin frei. Diese Stoffe sind entscheidend, um Motivation, Freude und Resilienz aufrechtzuerhalten.

Positives Denken aktiviert zudem Gehirnregionen, die mit emotionaler Regulation und Problemlösungen verbunden sind, was uns helfen kann, auch in stressigen Situationen ruhig und fokussiert zu bleiben. Diese Wirkung wird als die „Broaden-and-Build"-Theorie bezeichnet, die von der Psychologin Barbara Fredrickson entwickelt wurde. Ihre Forschung zeigt, dass wir in positiven Denkweisen offener für neue Ideen und Lösungen sind, was die Grundlage für größere Kreativität und Anpassungsfähigkeit schafft. Statt von Stress überwältigt zu werden, erweitert eine positive Einstellung unsere geistigen und emotionalen Ressourcen und schafft Raum für Wachstum und Verbindung.

Die Vorteile des positiven Denkens sind jedoch nicht auf den Geist beschränkt – sie erstrecken sich auch auf den Körper. Studien legen nahe, dass Menschen, die positive Gedanken kultivieren, niedrigere Stressniveaus, eine bessere kardiovaskuläre Gesundheit und sogar ein stärkeres Immunsystem haben. Menschen, die positives Denken praktizieren, erholen sich tendenziell schneller von Krankheiten und sind widerstandsfähiger gegenüber körperlichen Herausforderungen.

Durch das Verständnis dieser Wissenschaft wird deutlich, dass positives Denken keine abstrakte Idee ist, sondern ein greifbares Mittel, um unser geistiges und körperliches Wohlbefinden zu fördern. Mit bewusster Übung können wir diese Denkweise kultivieren und so die Lebensqualität auf allen Ebenen verbessern.

Wie dieses Buch Ihr Leben verändern kann

Stellen Sie sich ein Leben vor, in dem Rückschläge zu Trittsteinen werden, Beziehungen auf Positivität aufbauen und jeder Tag mit einem Gefühl von Sinn und Resilienz erfüllt ist. Dieses Buch wurde entwickelt, um Ihnen zu helfen, ein solches Leben zu kultivieren, indem es praktische Werkzeuge und Einsichten bietet, die Ihnen helfen, eine Denkweise zu entwickeln, die auf Positivität und Wachstum ausgerichtet ist. Doch die Reise endet nicht beim Verstehen des positiven Denkens; es geht darum, es in alle Aspekte des täglichen Lebens zu integrieren und dauerhafte Veränderungen zu bewirken.

Während Sie durch jedes Kapitel gehen, entdecken Sie Strategien, die bewiesen haben, dass sie Denkweisen verändern, das emotionale Wohlbefinden steigern und die Resilienz stärken können. Von der Transformation negativer Gedanken bis hin zur Entwicklung eines gesunden Selbstbildes bietet jeder Abschnitt Anleitung, um realen Herausforderungen mit einer positiven Einstellung zu begegnen. Sie werden lernen, wie Sie gesunde Gewohnheiten aufbauen, Beziehungen mit Empathie navigieren und in schwierigen Zeiten Stärke finden können. Jede Fertigkeit baut auf der vorherigen auf und rüstet Sie dafür, Stress zu bewältigen, Veränderungen anzunehmen und Ihr volles Potenzial zu entfalten.

Dieses Buch ist kein Ratgeber für schnelle Lösungen, und es geht auch nicht darum, die Schwierigkeiten des Lebens zu ignorieren. Es ist vielmehr eine Einladung, die Art und Weise zu verändern, wie Sie die Welt wahrnehmen und auf sie reagieren. Positives Denken bedeutet nicht, eine tapfere Miene aufzusetzen; es geht um echtes, transformierendes Wachstum, das Ihnen hilft, selbst in schwierigen Zeiten zu gedeihen. Durch das Üben der Techniken in diesem Buch werden Sie beginnen, Chancen dort zu sehen, wo Sie zuvor nur Hindernisse sahen, und Vertrauen in Ihre Fähigkeit gewinnen, ein bedeutungsvolles, erfülltes Leben zu gestalten.

Egal, ob Sie am Anfang Ihrer persönlichen Wachstumsreise stehen oder eine bestehende Praxis vertiefen möchten, dieses Buch kann ein kraftvoller Begleiter sein, der Ihnen hilft, positives Denken zu einem Lebensstil zu machen.

Kapitel 1: Die Grundlagen des positiven Denkens

1. Wie Gedanken unsere Realität formen

Stellen Sie sich vor, Sie blicken auf einen wunderschönen Sonnenaufgang. Die ersten Lichtstrahlen tauchen den Himmel in sanfte Farben, die Welt erwacht leise, und in diesem Moment fühlen Sie sich voller Frieden und Zuversicht. Doch jetzt stellen Sie sich vor, denselben Sonnenaufgang mit einer belastenden, sorgenvollen Stimmung zu betrachten – die Schönheit der Szene verblasst, und vielleicht nehmen Sie den Moment als flüchtig und wenig bedeutend wahr. Dieses kleine Gedankenexperiment zeigt, wie stark unsere innere Einstellung und unsere Gedankenwelt die Realität beeinflussen können.

Unsere Gedanken sind nicht einfach nur beiläufige mentale Vorgänge – sie formen die Art und Weise, wie wir die Welt erleben. Alles, was wir denken, beeinflusst nicht nur unsere Stimmung und Entscheidungen, sondern auch unser gesamtes Wohlbefinden und die Beziehungen, die wir aufbauen. Untersuchungen zeigen, dass Menschen, die eine positive Denkweise pflegen, die Realität anders wahrnehmen und oft mehr Optimismus und Lebensfreude verspüren. Eine negative Denkweise hingegen wirkt wie ein Filter, durch den man die Welt nur durch Sorgen, Ängste oder Pessimismus betrachtet.

Aber warum haben Gedanken eine so mächtige Wirkung auf unsere Realität? Der Einfluss unserer Gedanken beruht auf einem einfachen Prinzip: Unsere Gedanken bestimmen, welche Gefühle in uns entstehen, und diese Gefühle beeinflussen unser Verhalten. Wenn wir zum Beispiel an unsere beruflichen Ziele denken und uns sagen, dass wir erfolgreich sein können, fühlen wir uns motiviert, ergreifen eher Maßnahmen und suchen aktiv nach Chancen. Glaube und Selbstvertrauen, die aus positiven Gedanken entstehen, führen dazu, dass wir uns bemühen und das Beste geben. Negative Gedanken hingegen können uns entmutigen, uns lähmen oder uns davon abhalten, überhaupt Schritte zu unternehmen.

Ein weiterer Grund, warum Gedanken so mächtig sind, liegt in der Wechselwirkung zwischen Gedanken und unserer Umgebung. Menschen mit positiven Gedanken neigen dazu, Gelegenheiten zu erkennen und Risiken zu minimieren, indem sie optimistische Lösungen suchen. Stellen Sie sich vor, Sie betreten einen Raum voller fremder Menschen und denken: „Ich werde bestimmt niemanden kennenlernen, der mich mag." Sie fühlen sich unsicher, vermeiden Blickkontakt und ziehen sich vielleicht in eine Ecke zurück. Die Folge? Die Wahrscheinlichkeit, dass Sie tatsächlich jemanden kennenlernen, sinkt drastisch. Wenn Sie jedoch mit dem Gedanken hereinkommen: „Hier gibt es bestimmt interessante Menschen, die gerne ein Gespräch beginnen," sind Sie aufgeschlossener, lächeln mehr und gehen vielleicht selbstbewusst auf andere zu. Diese unterschiedliche Einstellung beeinflusst nicht nur Ihre Gefühle, sondern auch die Reaktion der anderen Menschen auf Sie. So beginnt sich eine Art „selbsterfüllende Prophezeiung" zu entfalten, in der sich Ihre Erwartungen und Ihr Verhalten gegenseitig verstärken.

Wissenschaftliche Erkenntnisse unterstützen ebenfalls die Idee, dass Gedanken unsere Realität gestalten. Forschung im Bereich der Neurowissenschaften hat gezeigt, dass unsere Gedanken die Chemie unseres Gehirns beeinflussen. Wenn wir positive Gedanken hegen, werden Hormone wie Dopamin und Serotonin freigesetzt, die uns glücklicher und entspannter fühlen lassen. Diese Botenstoffe verbessern nicht nur unser Wohlbefinden, sondern fördern auch unsere Fähigkeit, in stressigen Situationen ruhig und klar zu denken. Langfristig stärken solche Gedanken das Gehirn, indem sie neuronale Bahnen schaffen, die positives Denken unterstützen. Unser Gehirn wird also im wahrsten Sinne des Wortes „positiv verdrahtet", und es fällt uns leichter, in verschiedenen Lebensbereichen Positives zu sehen.

Ein interessantes Phänomen in diesem Zusammenhang ist das sogenannte „Negativitäts-Bias". Evolutionär betrachtet hatten negative Gedanken und Ängste oft eine Überlebensfunktion – sie haben uns vor Gefahren gewarnt und uns wachsam gehalten. Doch in der modernen Welt, in der physische Gefahren weitaus seltener sind, kann diese Denkweise oft hinderlich sein. Wenn wir ständig auf das Negative fokussiert sind, blockieren wir uns selbst und schränken unser Potenzial ein. Ein bewusst gepflegter positiver Gedankengang hilft uns dabei, diesen Bias zu überwinden und unser Leben freier und erfüllter zu gestalten.

Ein Beispiel, wie Gedanken unsere Realität verändern können, ist der Umgang mit Misserfolgen. Wenn wir einen Rückschlag erleben und denken: „Ich bin einfach nicht gut genug, das schaffe ich nie," erzeugen wir Gefühle der Enttäuschung und Selbstzweifel, die uns in unserem Fortschritt lähmen können. Wenn wir jedoch denken: „Das war eine wertvolle Lernerfahrung. Ich werde daraus wachsen," werden wir motiviert und bestärkt. Diese Veränderung in der Denkweise erlaubt es uns, Niederlagen als Gelegenheiten für Wachstum zu sehen, statt als endgültige Versagen.

Es ist jedoch wichtig zu betonen, dass positive Gedanken keine magische Lösung für alle Probleme sind. Schwierigkeiten werden nicht verschwinden, nur weil wir anders denken, aber eine positive Denkweise hilft uns, besser auf Herausforderungen zu reagieren. Sie gibt uns die Kraft, selbst in harten Zeiten den Mut zu behalten und unser Handeln konstruktiv auszurichten. In diesem Sinne ist positives Denken ein Werkzeug, das uns auf dem Weg zu einem erfüllten Leben unterstützt, indem es unsere Sicht auf die Welt verändert.

Das Üben positiver Gedanken ist eine kontinuierliche Reise. Es beginnt mit kleinen Schritten – vielleicht durch bewusstes Lächeln am Morgen, durch Dankbarkeit für kleine Dinge oder durch ein motivierendes

Selbstgespräch vor schwierigen Aufgaben. Mit der Zeit verändert sich unsere innere Haltung und damit unsere Realität. Der Weg zu einer positiven Denkweise erfordert Geduld und Bewusstsein, doch die Früchte, die wir ernten, sind umso reicher: ein erfüllteres Leben, bessere Beziehungen und ein tieferes Verständnis für uns selbst.

Wenn Sie sich auf diese Reise begeben, denken Sie daran, dass es ein Prozess ist und Rückschläge dazugehören. Jeder Gedanke, den Sie bewusst positiv gestalten, stärkt Sie ein kleines Stück mehr. Erlauben Sie sich selbst, das volle Potenzial Ihrer Gedanken zu entfalten, und beobachten Sie, wie Ihre Realität sich mit der Zeit wandelt.

2. Der Unterschied zwischen positivem Denken und blindem Optimismus

Positives Denken und blinder Optimismus werden oft miteinander verwechselt, doch zwischen beiden Ansätzen gibt es entscheidende Unterschiede, die den Verlauf und die Qualität unseres Lebens stark beeinflussen können. Positives Denken bedeutet nicht, alle negativen Aspekte zu ignorieren oder so zu tun, als wären Herausforderungen und Schwierigkeiten nicht real. Vielmehr geht es um eine ausgewogene Sichtweise, die sowohl die positiven als auch die negativen Seiten der Realität anerkennt und bewusst auf Lösungen und Wachstum fokussiert. Blinder Optimismus hingegen kann dazu führen, dass wir die Augen vor Problemen verschließen und uns selbst und andere in gefährliche oder unrealistische Situationen bringen.

Stellen wir uns eine Situation vor, in der eine Person vor einer wichtigen beruflichen Entscheidung steht, die ein gewisses Risiko mit sich bringt. Ein positiv denkender Mensch würde die Risiken und Herausforderungen nüchtern betrachten, sich Gedanken über mögliche Schwierigkeiten machen und sich vorbereiten. Sie würden sich motiviert fühlen, weil sie an ihre Fähigkeiten glauben, und würden die Entscheidung mit einem konstruktiven Plan und einem offenen Geist angehen. Blind optimistische Menschen hingegen könnten sich einreden, dass alles automatisch gut ausgeht, ohne jegliche Vorbereitung oder Berücksichtigung der Herausforderungen. Diese Art des Optimismus kann kurzfristig Mut verleihen, aber wenn Probleme auftreten – wie sie es oft tun – sind die Betroffenen möglicherweise unvorbereitet und enttäuscht, weil sie die Realität verkannt haben.

Ein weiterer wesentlicher Unterschied zwischen positivem Denken und blindem Optimismus liegt im Umgang mit negativen Emotionen. Menschen, die positives Denken praktizieren, erlauben sich, schwierige Gefühle wie Angst, Trauer oder Enttäuschung wahrzunehmen und anzunehmen. Sie erkennen, dass diese Emotionen ein natürlicher Teil des Lebens sind und dass es wichtig ist, sie nicht zu unterdrücken, sondern zu verstehen. Auf diese Weise nutzen sie ihre Emotionen als Wegweiser und lernen aus ihnen. Blinder Optimismus hingegen neigt dazu, negative Emotionen zu ignorieren oder zu verdrängen. Ein blind optimistischer Mensch könnte sich sagen: „Alles wird schon gut," ohne sich die Zeit zu nehmen, seine Ängste oder Zweifel zu reflektieren. Dies führt oft zu einer oberflächlichen und instabilen Positivität, die nur so lange anhält, wie keine echten Schwierigkeiten auftreten.

Ein gesundes, positives Denken ist darüber hinaus in der Lage, Rückschläge als Lernerfahrungen zu betrachten und aus ihnen zu wachsen. Nehmen wir das Beispiel eines Unternehmers, dessen erstes Projekt scheitert. Ein positiv denkender Mensch könnte sich fragen, was schiefgelaufen ist, und die Lektionen nutzen, um zukünftige Projekte zu verbessern. Sie sehen das Scheitern nicht als endgültige Niederlage, sondern als Chance, Resilienz und neue Fähigkeiten zu entwickeln. Blinder Optimismus hingegen könnte dazu führen, dass der Unternehmer das Scheitern völlig ignoriert und sofort ein neues Projekt ohne Analyse startet. Die Wahrscheinlichkeit, dass ähnliche Fehler wiederholt werden, ist dabei groß, da der blinde Optimismus verhindert, dass man aus Fehlern lernt und sich weiterentwickelt.

Wissenschaftliche Studien belegen, dass positives Denken mit einer realistischen Wahrnehmung der Umwelt und einer aktiven Bewältigungsstrategie verbunden ist. Menschen, die positiv denken, haben oft ein höheres Maß an Selbstreflexion und sind besser in der Lage, konstruktive Maßnahmen zu ergreifen, wenn sie mit Herausforderungen konfrontiert werden. Blinder Optimismus hingegen steht oft im Widerspruch zu diesen Eigenschaften, da er dazu führen kann, dass wir Probleme ignorieren, Verantwortung vermeiden und auf ein „Wunder" hoffen, anstatt selbst aktiv zu werden.

Es ist auch wichtig zu verstehen, dass positives Denken eine Langzeitwirkung hat, während blinder Optimismus oft nur kurzfristig funktioniert. Positives Denken erfordert Zeit und bewusste Übung; es geht darum, Gewohnheiten zu entwickeln, die uns auf eine realistische und konstruktive Weise mit Herausforderungen umgehen lassen. Diese Denkweise schafft eine solide Grundlage, auf der wir ein Leben voller Sinn und Zufriedenheit aufbauen können. Blinder Optimismus kann zwar kurzfristig Freude und Hoffnung schenken, ist jedoch oft nicht nachhaltig und kann im Laufe der Zeit zu Enttäuschungen führen, da die Realität nicht den übertriebenen Erwartungen entspricht.

Ein weiterer Unterschied zwischen positivem Denken und blindem Optimismus zeigt sich in zwischenmenschlichen Beziehungen. Menschen, die positiv denken, sind oft empathisch und in der Lage, die Perspektiven und Emotionen anderer zu verstehen. Sie wissen, dass Konflikte und Meinungsverschiedenheiten ein natürlicher Teil von Beziehungen sind und dass es produktiv ist, sich damit auseinanderzusetzen. Blind optimistische Menschen hingegen könnten versuchen, Spannungen zu ignorieren oder zu übergehen, weil sie glauben, dass alles „gut" ist oder sein sollte. Dies kann dazu führen, dass Konflikte ungelöst bleiben oder sich sogar verschärfen, da das Ignorieren von Problemen das Vertrauen und die Intimität in Beziehungen untergraben kann.

Ein entscheidender Aspekt des positiven Denkens ist das Streben nach Wachstum und Entwicklung, während blinder Optimismus oft statisch bleibt. Positiv denkende Menschen sind bereit, sich selbst und ihre Fähigkeiten zu hinterfragen, ihre Grenzen zu erkennen und daran zu arbeiten, sie zu überwinden. Sie verstehen, dass persönliches Wachstum mit Anstrengung und Mut verbunden ist und dass Veränderungen Zeit brauchen. Blinder Optimismus hingegen könnte jemanden dazu bringen, sich selbst als „bereits perfekt" zu sehen und keinen Bedarf für Verbesserung zu erkennen. Dies führt oft zu Stagnation, da der Wunsch nach Weiterentwicklung fehlt.

Zusammenfassend lässt sich sagen, dass positives Denken eine Balance zwischen Realismus und Optimismus darstellt. Es geht darum, Herausforderungen mit einem klaren Kopf zu begegnen, aus Fehlern zu lernen und trotz Schwierigkeiten an die eigene Kraft zu glauben. Positiv denkende Menschen erkennen, dass das Leben Höhen und Tiefen hat, und sie nutzen ihre Denkweise, um gestärkt aus jeder Erfahrung hervorzugehen. Blinder Optimismus hingegen kann uns in eine falsche Sicherheit wiegen und uns daran hindern, das Leben in seiner Gesamtheit zu sehen und zu erleben. Positives Denken hilft uns, uns auf das Wesentliche zu konzentrieren und unsere Ziele Schritt für Schritt zu erreichen, während blinder Optimismus uns dazu verleiten kann, auf Ergebnisse zu hoffen, ohne die notwendigen Schritte zu unternehmen.

Wenn wir uns also für positives Denken statt für blinden Optimismus entscheiden, entscheiden wir uns dafür, authentisch zu leben, mit allen Facetten und Herausforderungen, die das Leben bietet. Es geht darum, das Leben in all seiner Tiefe zu erfahren und darauf zu vertrauen, dass wir selbst in schwierigen Zeiten die Ressourcen finden können, die wir brauchen.

3. Alltägliche Beispiele für positives Denken

Positives Denken muss nicht kompliziert oder außergewöhnlich sein – tatsächlich zeigt es sich oft in den einfachen Momenten des Alltags, in denen wir bewusst entscheiden, wie wir auf unsere Umwelt und die kleinen Herausforderungen des Lebens reagieren. Vielleicht glauben viele, dass positives Denken nur in großen, bedeutsamen Situationen von Bedeutung ist, aber die wahre Kraft des positiven Denkens entfaltet sich gerade in den alltäglichen Entscheidungen, die wir treffen. Diese scheinbar kleinen Beispiele summieren sich und können das Fundament für ein zufriedeneres und erfüllteres Leben schaffen.

Stellen Sie sich vor, Sie sind morgens auf dem Weg zur Arbeit und stehen im Stau. Eine verbreitete Reaktion wäre, sich zu ärgern und darüber zu klagen, wie viel Zeit verloren geht. Ein Mensch, der positives Denken anwendet, sieht diesen Moment jedoch als Gelegenheit, etwas Positives daraus zu machen. Vielleicht nutzen sie die Zeit, um ein inspirierendes Hörbuch oder einen Podcast zu hören, der sie motiviert und auf neue Gedanken bringt. Sie nehmen sich bewusst vor, ruhig zu bleiben und die Situation anzunehmen, da sie wissen, dass der Ärger ihnen nur Energie rauben würde. Diese Haltung ermöglicht es ihnen, die Fahrt gelassen zu überstehen und mit einem positiven Geist bei der Arbeit anzukommen.

Ein weiteres Beispiel für positives Denken im Alltag ist der Umgang mit einem anstrengenden Arbeitstag. Es gibt Tage, an denen die Aufgaben nicht enden wollen und die Stimmung vielleicht angespannt ist. Ein positiv denkender Mensch könnte in solch einer Situation entscheiden, sich kleine Pausen zu gönnen, um durchzuatmen und sich daran zu erinnern, dass auch dieser Tag vorübergehen wird. Sie fokussieren sich darauf, eine Aufgabe nach der anderen abzuarbeiten, anstatt sich von der gesamten Menge an Arbeit überwältigen zu lassen. Vielleicht erinnern sie sich daran, dass sie in der Vergangenheit schon ähnliche Situationen gemeistert haben, und schöpfen daraus die Zuversicht, dass sie auch diesen Tag erfolgreich bewältigen werden.

Auch in zwischenmenschlichen Beziehungen kann sich positives Denken zeigen. Jeder von uns hat schon einmal eine Meinungsverschiedenheit mit einem Freund, Partner oder Kollegen erlebt. Eine negative Reaktion wäre, sich in die eigene Position zu vergraben und auf dem eigenen Standpunkt zu bestehen. Positives Denken bedeutet jedoch, offen für die Perspektive des anderen zu bleiben und einen konstruktiven Dialog zu führen. Ein positiv denkender Mensch könnte sagen: „Ich verstehe, dass wir uns hier nicht einig sind, aber ich möchte wirklich verstehen, warum du so empfindest." Indem sie eine solche Haltung einnehmen, fördern sie eine Atmosphäre des Verständnisses und der Zusammenarbeit, anstatt die Beziehung durch Konflikte zu belasten.

Auch in Bezug auf sich selbst spielt positives Denken im Alltag eine entscheidende Rolle. Jeder kennt diese Momente, in denen man einen Fehler macht und sich vielleicht selbst kritisiert. Anstatt sich von Selbstzweifeln überwältigen zu lassen, entscheiden sich positiv denkende Menschen bewusst dafür, diesen Fehler als Lernerfahrung zu betrachten. Sie sagen sich vielleicht: „Das war nicht ideal, aber ich habe etwas daraus gelernt, und beim nächsten Mal werde ich es besser machen." Diese Fähigkeit, sich selbst gegenüber mitfühlend und nachsichtig zu sein, stärkt das Selbstvertrauen und hilft, nach vorn zu schauen, anstatt sich in negativen Gedanken zu verlieren.

Ein weiteres einfaches, aber kraftvolles Beispiel für positives Denken ist die Praxis der Dankbarkeit. Viele positiv denkende Menschen beginnen oder beenden ihren Tag, indem sie sich bewusst machen, wofür sie dankbar sind. Sie könnten sich beispielsweise beim Abendessen oder vor dem Schlafengehen kurz überlegen, welche schönen Momente oder Begegnungen sie an diesem Tag erlebt haben. Dies kann so simpel sein wie das Lächeln eines Fremden, ein gutes Gespräch oder ein leckeres

Essen. Dankbarkeit lenkt den Fokus auf das Positive und hilft uns, das Leben mit einer freudigen und wertschätzenden Einstellung zu sehen, auch wenn der Tag nicht perfekt war.

Positives Denken zeigt sich auch in kleinen alltäglichen Entscheidungen, die wir treffen. Stellen Sie sich vor, Sie haben einen langen Tag hinter sich und sind müde, aber ein Freund lädt Sie spontan auf einen Spaziergang oder eine kurze Verabredung ein. Ein negativ denkender Mensch könnte sich leicht von der Müdigkeit überwältigen lassen und absagen, während ein positiv denkender Mensch die Einladung als Chance sieht, die Verbindung zu einem Freund zu stärken und den Abend mit etwas Schönem zu füllen. Sie erinnern sich daran, dass solche kleinen Erlebnisse den Alltag bereichern und oft neue Energie geben, auch wenn sie zu Beginn vielleicht anstrengend erscheinen.

Ein weiterer Bereich, in dem positives Denken eine Rolle spielt, ist der Umgang mit Zielen und Wünschen. Ein positiv denkender Mensch setzt sich realistische, aber motivierende Ziele und arbeitet Schritt für Schritt daran, sie zu erreichen. Selbst wenn ein Ziel groß erscheint, konzentrieren sie sich auf die kleinen Fortschritte und feiern diese. Ein neues Fitnessziel zu erreichen oder eine Sprache zu lernen – positiv denkende Menschen nehmen den Prozess an und freuen sich über jeden kleinen Fortschritt, den sie machen. Anstatt sich nur auf das Endziel zu fixieren, genießen sie den Weg dorthin und nehmen jeden Schritt als wertvolle Erfahrung wahr.

Zusammenfassend lässt sich sagen, dass positives Denken im Alltag aus vielen kleinen Entscheidungen besteht, die in ihrer Summe eine große Wirkung haben. Es geht nicht darum, die Realität zu ignorieren oder Schwierigkeiten schönzureden, sondern bewusst eine Perspektive einzunehmen, die uns Kraft und Freude schenkt. Wenn wir uns täglich darin üben, auch in kleinen Situationen eine positive Haltung einzunehmen, bauen wir eine Denkweise auf, die uns in allen Lebensbereichen unterstützt. Positives Denken ist kein Geschenk, das uns in die Wiege gelegt wird, sondern eine bewusste Wahl, die wir immer wieder treffen müssen. Jeder von uns kann diese Wahl treffen – jeden Tag, in jedem Moment, ganz gleich, wie klein oder unbedeutend die Situation erscheinen mag.

4. Schritte, um noch heute mit einer Denkweise-Veränderung zu beginnen

Eine Veränderung der Denkweise kann eine transformative Wirkung auf das gesamte Leben haben. Doch wie beginnt man diesen Weg? Es gibt viele kleine, machbare Schritte, die Sie heute bereits umsetzen können, um eine positive Denkweise zu fördern und langfristige Veränderungen anzustoßen. Das Schöne daran ist, dass es keine komplizierten Techniken erfordert – nur bewusste Entscheidungen und die Bereitschaft, neue Perspektiven auszuprobieren. Jeder Schritt, den Sie unternehmen, stärkt Ihre Fähigkeit, Herausforderungen mit Zuversicht zu begegnen und den Alltag positiver zu erleben.

Beginnen Sie am besten mit einer der grundlegendsten, aber wirkungsvollsten Übungen: der Dankbarkeit. Nehmen Sie sich am Ende jedes Tages einen Moment Zeit, um über drei Dinge nachzudenken, für die Sie dankbar sind. Diese Übung mag simpel erscheinen, aber die Wirkung ist tiefgreifend. Durch die bewusste Entscheidung, den Tag positiv zu reflektieren, schulen Sie Ihren Geist darin, das Gute wahrzunehmen, selbst wenn der Tag herausfordernd war. Das Gefühl der Dankbarkeit versetzt das Gehirn in einen positiven Zustand und fördert die Ausschüttung von „Glückshormonen" wie Serotonin und Dopamin. Mit der Zeit wird diese Gewohnheit Ihnen helfen, den Fokus im Alltag stärker auf das Positive zu lenken.

Ein weiterer Schritt zur Veränderung Ihrer Denkweise besteht darin, Selbstgespräche bewusst wahrzunehmen und zu gestalten. Die Art und Weise, wie wir mit uns selbst sprechen, hat einen enormen Einfluss auf unser Selbstbild und unsere Stimmung. Oft neigen wir dazu, uns bei Fehlern oder Rückschlägen negativ zu kritisieren, was unsere Zuversicht und unser Selbstwertgefühl beeinträchtigen kann. Beginnen Sie, sich selbst so zu behandeln, wie Sie einen guten Freund behandeln würden. Anstatt sich bei einem Fehler zu sagen: „Das war dumm von mir," könnten Sie denken: „Ich habe mein Bestes gegeben und daraus etwas gelernt." Diese kleinen Anpassungen im Selbstgespräch helfen Ihnen, eine freundliche und unterstützende Haltung zu sich selbst zu entwickeln, was die Grundlage für eine positive Denkweise bildet.

Achtsamkeit ist eine weitere wertvolle Praxis, die Sie heute beginnen können. Oft lassen wir uns von den Anforderungen des Alltags so sehr mitreißen, dass wir kaum bemerken, was in uns selbst und um uns herum vorgeht. Achtsamkeit bedeutet, sich bewusst auf den gegenwärtigen Moment zu konzentrieren, ohne zu urteilen oder zu bewerten. Eine einfache Möglichkeit, dies in den Alltag zu integrieren, ist eine kurze Atemübung. Setzen Sie sich an einen ruhigen Ort, schließen Sie die Augen und atmen Sie langsam ein und aus. Konzentrieren Sie sich ganz auf Ihren Atem und lassen Sie alle anderen Gedanken los. Selbst ein paar Minuten reichen aus, um eine Ruhe und Klarheit zu spüren, die Ihnen hilft, den Rest des Tages mit einer ruhigeren und positiveren Einstellung zu bewältigen.

Visualisierung ist ebenfalls eine mächtige Technik, um Ihre Denkweise positiv zu beeinflussen. Nehmen Sie sich täglich einige Minuten Zeit, um sich eine Situation vorzustellen, die Ihnen am Herzen liegt, und visualisieren Sie einen positiven Ausgang. Stellen Sie sich vor, wie Sie eine herausfordernde Aufgabe erfolgreich meistern, eine Rede halten oder ein persönliches Ziel erreichen. Spüren Sie die Freude und das Selbstbewusstsein, das sich einstellt, wenn alles wie gewünscht verläuft. Indem Sie positive Ergebnisse visualisieren, bereiten Sie Ihr Gehirn darauf vor, in realen Situationen ähnliche Gefühle und Reaktionen zu erleben. Diese Übung stärkt Ihr Vertrauen in Ihre Fähigkeiten und hilft Ihnen, selbstbewusster auf Ziele hinzuarbeiten.

Eine weitere einfache, aber wirkungsvolle Möglichkeit, Ihre Denkweise zu verändern, ist es, kleine, positive Gewohnheiten in den Alltag zu integrieren. Starten Sie den Tag bewusst mit einer kurzen Morgenroutine, die Sie energetisiert und auf einen positiven Start vorbereitet. Das kann eine kurze Meditation sein, ein inspirierendes Buch, das Sie lesen, oder ein paar Minuten Bewegung. Eine solche Routine gibt dem Tag eine positive Richtung und beeinflusst, wie Sie mit den Herausforderungen des Tages umgehen. Ebenso können Sie abends eine kurze Reflektion einbauen, in der Sie den Tag Revue passieren lassen und sich an den schönen Momenten erfreuen.

Gedankenhygiene ist ein weiterer Schlüssel zur Veränderung Ihrer Denkweise. Gedankenhygiene bedeutet, Ihre Gedankenwelt zu pflegen und negative oder belastende Gedankenmuster bewusst zu hinterfragen. Wenn Sie sich dabei ertappen, dass Sie pessimistische oder selbstkritische Gedanken haben, halten Sie inne und fragen Sie sich: „Ist dieser Gedanke wirklich wahr?" Oft werden Sie feststellen, dass viele negative Gedanken auf unbewussten Annahmen oder alten Überzeugungen beruhen, die nicht unbedingt der Realität entsprechen. Ersetzen Sie solche Gedanken durch realistischere und freundlichere Perspektiven, die Ihnen Energie geben, anstatt Sie zu belasten.

Ein Schritt, der oft unterschätzt wird, aber von großer Bedeutung ist, ist die Pflege eines unterstützenden sozialen Umfelds. Umgeben Sie sich so oft wie möglich mit Menschen, die eine positive Einstellung haben und Sie in Ihren Zielen unterstützen. Menschen, die Sie inspirieren und an Sie glauben, können einen erheblichen Einfluss auf Ihre eigene Denkweise haben. Verbringen Sie Zeit mit Freunden, die Sie ermutigen, anstatt zu kritisieren, und suchen Sie nach Möglichkeiten, positive Gespräche zu führen. Ein unterstützendes Umfeld gibt Ihnen die Sicherheit und den Rückhalt, den Sie für die Veränderung Ihrer Denkweise benötigen.

Zuletzt: Nehmen Sie sich Zeit, um regelmäßig Ihre Fortschritte zu reflektieren und sich für die kleinen Erfolge auf Ihrem Weg zu einer positiveren Denkweise zu feiern. Oft sehen wir nur die großen Ziele und übersehen die vielen kleinen Schritte, die wir täglich machen. Durch regelmäßige Reflektion können Sie erkennen, wie weit Sie gekommen sind und welche Fortschritte Sie bereits erzielt haben. Notieren Sie sich beispielsweise am Ende der Woche, welche positiven Veränderungen Sie bemerkt haben, und freuen Sie sich über diese Erfolge. Diese Anerkennung gibt Ihnen neue Motivation, weiterzumachen und Ihre Denkweise nachhaltig zu verändern.

Die Veränderung der Denkweise ist eine Reise, die Zeit und Geduld erfordert. Jeder dieser Schritte mag für sich genommen klein erscheinen, doch in der Summe können sie eine erhebliche Veränderung in Ihrem

Leben bewirken. Lassen Sie sich darauf ein und geben Sie sich selbst die Möglichkeit, von Tag zu Tag ein wenig positiver zu denken.

Kapitel 2: Negative Gedanken erkennen und transformieren

1. Negative Gedanken verstehen und ihre Auswirkungen

Negative Gedanken sind ein Phänomen, das uns allen vertraut ist. Sie tauchen oft plötzlich und ungewollt auf und können unsere Stimmung, unser Verhalten und letztlich auch unsere Gesundheit stark beeinflussen. Doch was sind negative Gedanken eigentlich, und warum haben sie eine so mächtige Wirkung auf uns? Um negative Gedanken erfolgreich zu transformieren, ist es zunächst wichtig, sie zu verstehen und die Mechanismen zu erkennen, durch die sie unser Leben beeinflussen.

Negative Gedanken sind häufig eine Reaktion auf äußere Umstände, die wir als bedrohlich, enttäuschend oder unangenehm wahrnehmen. Stellen Sie sich vor, Sie haben eine schwierige Aufgabe auf der Arbeit zu erledigen und denken: „Ich werde das nie schaffen." Dieser Gedanke löst sofort Gefühle der Unsicherheit und vielleicht sogar Angst aus. Negative Gedanken sind also eng mit unseren Emotionen verbunden. Wenn wir uns selbst sagen, dass wir nicht gut genug sind oder dass wir versagen werden, erschaffen wir eine innere Realität, die uns von vornherein blockiert und uns die Energie raubt, die wir eigentlich für die Herausforderung bräuchten.

Ein weiterer Aspekt negativer Gedanken ist, dass sie oft aus alten Überzeugungen oder Erfahrungen stammen. Viele von uns tragen Glaubenssätze in sich, die in der Kindheit oder Jugend geprägt wurden, wie „Ich muss perfekt sein, um geliebt zu werden" oder „Ich darf keine Fehler machen." Diese Überzeugungen können dazu führen, dass wir in bestimmten Situationen automatisch negativ denken, weil wir tief im Inneren davon überzeugt sind, dass wir bestimmten Erwartungen nicht gerecht werden können. Das Problem ist jedoch, dass diese Gedankenmuster uns oft in eine Sackgasse führen, anstatt uns Lösungen zu bieten. Indem wir sie verstehen und reflektieren, können wir anfangen, uns von ihnen zu befreien und neue, unterstützende Denkmuster zu entwickeln.

Negative Gedanken haben auch eine erstaunliche Kraft, sich selbst zu verstärken. Wenn wir einmal in einer negativen Gedankenspirale gefangen sind, scheint es oft, als ob ein Gedanke den nächsten nach sich zieht. Ein kleines Missgeschick – zum Beispiel, dass wir zu spät zu einem Treffen kommen – kann uns in eine Flut von negativen Gedanken versetzen. Wir denken vielleicht: „Jetzt denken alle, dass ich unzuverlässig bin," und beginnen, uns selbst immer mehr zu kritisieren. Die Folge ist, dass wir uns zunehmend schlecht fühlen und uns noch mehr Fehler unterlaufen. Diese sogenannte „negative Gedankenspirale" zeigt, wie wichtig es ist, negative Gedanken frühzeitig zu erkennen und zu stoppen, bevor sie außer Kontrolle geraten.

Wissenschaftliche Untersuchungen zeigen, dass negative Gedanken und Emotionen direkte Auswirkungen auf unseren Körper haben. Wenn wir ständig negativ denken, setzen wir unser Gehirn in einen Zustand des Stresses, der die Ausschüttung von Stresshormonen wie Cortisol fördert. Diese Hormone sind zwar in akuten Situationen hilfreich, da sie unseren Körper auf Flucht oder Kampf vorbereiten, doch bei dauerhafter Ausschüttung führen sie zu Erschöpfung, Schlafproblemen und sogar zu körperlichen Beschwerden wie Verspannungen oder Magenproblemen. Negative Gedanken beeinflussen also nicht nur unsere mentale Gesundheit, sondern auch unser körperliches Wohlbefinden, was zeigt, wie wichtig es ist, ihnen bewusst entgegenzuwirken.

Ein weiteres Charakteristikum negativer Gedanken ist ihr Einfluss auf unsere Wahrnehmung der Welt. Wenn wir uns in einem negativen Gedankenzustand befinden, neigen wir dazu, unsere Umgebung durch einen pessimistischen Filter zu sehen. Wir konzentrieren uns auf das, was nicht gut läuft, und übersehen möglicherweise die positiven Aspekte. Ein Beispiel hierfür wäre, dass Sie an einem Tag zehn Dinge erledigen, von denen neun gut verlaufen, doch ein Fehler passiert Ihnen. Ein negativer Gedanke könnte Sie dazu bringen, sich nur auf diesen einen Fehler zu fixieren und den gesamten Tag als Misserfolg zu betrachten. Diese verzerrte Wahrnehmung führt dazu, dass wir uns selbst und unsere Leistungen schlechter sehen, als sie tatsächlich sind, was langfristig unser Selbstvertrauen und unsere Lebensfreude untergräbt.

Negative Gedanken können auch unser Verhalten beeinflussen, insbesondere in Bezug auf die Entscheidungen, die wir treffen. Wenn wir zum Beispiel denken: „Das wird sowieso nicht funktionieren," neigen wir dazu, gar nicht erst aktiv zu werden. Wir geben uns selbst keine Chance, weil wir uns durch unsere eigenen Gedanken bereits von vornherein blockieren. Diese „Selbstsabotage" verhindert nicht nur persönliches Wachstum, sondern auch die Möglichkeit, neue Erfahrungen zu machen und Erfolge zu erzielen. Indem wir uns jedoch bewusst machen, dass diese Gedanken nur eine Perspektive darstellen und nicht die Realität selbst, können wir lernen, sie zu hinterfragen und unsere Handlungen neu auszurichten.

Es ist auch wichtig zu verstehen, dass negative Gedanken uns nicht definieren – sie sind ein natürlicher Bestandteil des menschlichen Erlebens und müssen nicht dauerhaft unser Leben bestimmen. Jeder Mensch hat negative Gedanken; sie sind ein Produkt unseres evolutionären Überlebensinstinkts, der uns vor Gefahren schützen sollte. Doch in der modernen Welt, in der tatsächliche Gefahren seltener sind, können diese Gedanken uns eher blockieren als schützen. Wenn wir uns bewusst machen, dass negative Gedanken ein Teil unseres Gehirns sind, der uns nicht mehr dient, können wir beginnen, uns von ihnen zu lösen.

Der erste Schritt, um negative Gedanken zu transformieren, besteht darin, sie zu erkennen und zu benennen. Anstatt sich von ihnen überwältigen zu lassen, könnten Sie sich sagen: „Aha, das ist ein negativer Gedanke. Er ist da, aber er bestimmt nicht mein Handeln." Diese bewusste Distanzierung hilft uns, die Macht der Gedanken zu durchbrechen und eine neue Perspektive einzunehmen. Es kann hilfreich sein, sich bewusst zu machen, dass Gedanken nur Gedanken sind – sie kommen und gehen und haben nur die Bedeutung, die wir ihnen geben.

Abschließend lässt sich sagen, dass negative Gedanken einen erheblichen Einfluss auf unser Leben haben können, wenn wir ihnen unbewusst folgen. Sie können unsere Emotionen, unser Verhalten und unsere Gesundheit beeinflussen und uns in eine negative Spirale ziehen, die uns von unseren Zielen und unserer Lebensfreude entfernt. Doch durch das Verständnis dieser Mechanismen gewinnen wir die Freiheit, uns von negativen Gedanken zu lösen und bewusstere Entscheidungen zu treffen. Wenn wir lernen, negative Gedanken als vorübergehende Erscheinungen zu betrachten und sie zu hinterfragen, können wir unser Denken transformieren und eine konstruktive, stärkende Perspektive einnehmen, die uns in unserem Leben weiterbringt.

2. Techniken zur Erkennung negativer Denkmuster

Negative Gedanken können sich wie ein Schleier über unsere Wahrnehmung legen und beeinflussen, wie wir die Welt und uns selbst sehen. Häufig sind diese Gedankenmuster so tief verankert, dass wir sie kaum noch bemerken – sie laufen automatisch ab und erscheinen uns fast wie eine selbstverständliche Realität. Doch um uns von diesen hinderlichen Mustern zu befreien, ist der erste und wichtigste Schritt, sie zu erkennen. Es gibt mehrere Techniken, die uns helfen können, negative Denkmuster bewusst wahrzunehmen und so die Möglichkeit zu schaffen, sie zu verändern.

Eine wirkungsvolle Technik ist das bewusste Beobachten unserer Gedanken. Wir alle kennen den inneren Dialog, der ständig in unserem Kopf stattfindet – die unaufhörlichen Kommentare, Bewertungen und Urteile über uns selbst und die Welt um uns herum. Indem wir lernen, diesen Gedankenfluss zu beobachten, können wir negative Muster erkennen. Nehmen Sie sich jeden Tag ein paar Minuten Zeit, um einfach nur zu sitzen und Ihren Gedanken zuzuhören, ohne sie zu bewerten. Achten Sie darauf, welche Gedanken besonders häufig auftauchen und ob sie eine negative Färbung haben. Zum Beispiel könnten Sie bemerken, dass Sie oft denken: „Das schaffe ich sowieso nicht" oder „Warum passieren mir immer solche Dinge?" Diese Gedanken zeigen oft tieferliegende Überzeugungen über sich selbst oder die Welt und können ein Hinweis darauf sein, dass Sie unbewusst negative Denkmuster in sich tragen.

Ein weiteres hilfreiches Werkzeug zur Erkennung negativer Denkmuster ist das Führen eines Gedankenprotokolls. Ein

Gedankenprotokoll ermöglicht es Ihnen, Ihre Gedanken schriftlich festzuhalten und so eine objektive Perspektive auf Ihren inneren Dialog zu gewinnen. Notieren Sie im Laufe des Tages Ihre negativen Gedanken, sobald sie auftauchen. Schreiben Sie auf, in welcher Situation der Gedanke aufkam und welche Emotionen er in Ihnen ausgelöst hat. Nach einigen Tagen können Sie in Ihrem Protokoll Muster erkennen – vielleicht stellen Sie fest, dass bestimmte Situationen, wie zum Beispiel die Arbeit oder soziale Kontakte, immer wieder negative Gedanken in Ihnen auslösen. Oder Sie bemerken, dass Sie bestimmte abwertende Gedanken über sich selbst haben, die sich wiederholen. Diese Erkenntnisse sind der erste Schritt, um bewusst mit diesen Gedankenmustern umzugehen.

Ein weiterer Ansatz, um negative Denkmuster zu erkennen, ist das Hinterfragen der eigenen Überzeugungen. Negative Gedanken basieren oft auf tief verwurzelten Glaubenssätzen, die wir im Laufe unseres Lebens entwickelt haben, zum Beispiel „Ich bin nicht gut genug" oder „Die Welt ist ein gefährlicher Ort." Fragen Sie sich, ob es Überzeugungen gibt, die Sie vielleicht schon lange mit sich tragen und die Ihr Denken negativ beeinflussen. Ein bewusster Moment des Innehaltens und Reflektierens kann uns dabei helfen, diese Glaubenssätze zu erkennen und zu hinterfragen. Sie können sich fragen: „Ist dieser Gedanke wirklich wahr?" oder „Gibt es Beweise dafür, dass diese Überzeugung richtig ist?" Häufig stellen wir fest, dass diese Überzeugungen auf alten Erfahrungen beruhen, die für unser heutiges Leben nicht mehr relevant sind.

Eine besonders interessante Methode, um negative Gedankenmuster zu erkennen, ist das Erkennen von „kognitiven Verzerrungen." Kognitive Verzerrungen sind Denkmuster, die unsere Wahrnehmung verzerren und uns die Welt in einem bestimmten Licht erscheinen lassen. Zu den häufigsten Verzerrungen gehören das „Schwarz-Weiß-Denken" (Dinge nur in Extremen zu sehen, ohne Zwischenstufen zu berücksichtigen), die „Personalisierung" (das Gefühl, für negative Ereignisse verantwortlich zu sein, auch wenn das objektiv nicht der Fall ist) und die „Katastrophisierung" (die Tendenz, das Schlimmste anzunehmen und Situationen zu dramatisieren). Indem wir lernen, diese Denkmuster zu erkennen, gewinnen wir eine größere Klarheit über die Art und Weise, wie wir denken. Wenn Sie sich zum Beispiel dabei ertappen, dass Sie denken: „Ich habe bei dieser Präsentation einen Fehler gemacht, also bin ich ein Versager," erkennen Sie das Schwarz-Weiß-Denken und können sich daran erinnern, dass ein Fehler Sie nicht als Person definiert.

Eine weitere Technik zur Erkennung negativer Denkmuster ist die Selbstreflexion nach emotional intensiven Momenten. Negative Gedanken tauchen oft in Situationen auf, in denen wir emotional reagieren, etwa wenn wir gestresst, verärgert oder ängstlich sind. Wenn Sie bemerken, dass Sie in solchen Momenten negative Gedanken haben, versuchen Sie, einen Schritt zurückzutreten und die Situation zu analysieren. Fragen Sie sich: „Warum fühle ich mich gerade so?" oder „Welcher Gedanke hat dieses Gefühl ausgelöst?" Durch diese bewusste Reflexion erkennen Sie möglicherweise bestimmte Denkmuster, die immer wieder auftreten, und verstehen besser, wie sie Ihre Emotionen beeinflussen.

Eine einfache, aber effektive Methode zur Erkennung negativer Denkmuster ist es, auf die Worte zu achten, die Sie häufig verwenden. Sprache ist ein Spiegel unserer Gedanken und kann uns Hinweise darauf geben, wie wir uns selbst und die Welt sehen. Wenn Sie häufig Wörter wie „immer", „nie" oder „alle" verwenden, könnte dies ein Hinweis auf eine kognitive Verzerrung sein. Vielleicht sagen Sie Dinge wie „Ich mache immer alles falsch" oder „Niemand versteht mich." Solche absoluten Aussagen sind oft ein Anzeichen dafür, dass wir uns in negativen Denkmustern verfangen haben und unsere Sichtweise auf die Welt und uns selbst verzerrt ist. Indem wir auf unsere Sprache achten, können wir negative Gedankenmuster besser erkennen und uns darauf konzentrieren, eine ausgewogenere Perspektive zu entwickeln.

Eine letzte, aber ebenso wichtige Technik zur Erkennung negativer Denkmuster ist das Einholen von Feedback von vertrauenswürdigen Personen. Oft fällt es uns schwer, unsere eigenen Denkmuster zu erkennen, weil wir so an sie gewöhnt sind, dass sie uns normal erscheinen. Indem wir enge Freunde oder Familienmitglieder bitten, uns ehrlich zu sagen, welche negativen Gedanken oder Einstellungen sie bei uns bemerken, erhalten wir eine wertvolle Außenperspektive. Jemand könnte uns zum Beispiel darauf aufmerksam machen, dass wir häufig pessimistisch über die Zukunft sprechen oder uns selbst zu stark kritisieren. Diese Rückmeldungen können uns helfen, blinde Flecken zu erkennen und neue Erkenntnisse über unsere Denkmuster zu gewinnen.

Diese Techniken zur Erkennung negativer Denkmuster sind der erste Schritt auf dem Weg zu einem positiveren Denken. Sobald wir unsere negativen Gedankenmuster identifizieren, haben wir die Möglichkeit, sie bewusst zu verändern und neue, konstruktive Denkweisen zu entwickeln. Das Erkennen dieser Muster bedeutet nicht, sie sofort zu beseitigen – es geht vielmehr darum, einen bewussteren Umgang mit unseren Gedanken zu pflegen und zu lernen, wann wir uns selbst im Weg stehen.

3.Methoden, um von negativem zu positivem Denken zu wechseln

Negative Gedanken können tief verwurzelt sein und oft wie automatisch in unseren Geist eindringen. Doch mit der richtigen Herangehensweise ist es möglich, sie bewusst zu erkennen und durch positive, unterstützende Gedanken zu ersetzen. Der Wechsel von negativem zu positivem Denken ist ein Prozess, der Übung und Geduld erfordert, aber jeder Schritt in diese Richtung kann das Wohlbefinden und die Lebensqualität deutlich verbessern. Hier sind verschiedene

Methoden, die Ihnen helfen, negative Denkmuster zu durchbrechen und eine positivere Denkweise zu entwickeln.

Eine bewährte Methode, um von negativem zu positivem Denken zu wechseln, ist die Technik der „Gedankenumstrukturierung". Diese Technik basiert darauf, negative Gedanken bewusst zu hinterfragen und durch realistischere und unterstützende Gedanken zu ersetzen. Nehmen wir an, Sie haben den Gedanken: „Ich werde nie erfolgreich sein." Dieser Gedanke ist nicht nur belastend, sondern auch wenig konstruktiv. Statt diesen Gedanken als Wahrheit zu akzeptieren, könnten Sie sich fragen: „Ist das wirklich wahr? Welche Erfolge habe ich in der Vergangenheit bereits erreicht?" Indem Sie Ihre Gedanken so umstrukturieren und sich an Ihre Erfolge erinnern, fördern Sie eine realistischere und optimistischere Sichtweise. Diese Methode hilft, negative Gedankenmuster zu unterbrechen und durch neue Perspektiven zu ersetzen, die Ihnen mehr Selbstvertrauen und Motivation geben.

Eine weitere hilfreiche Methode ist die „Fokusverschiebung". Negative Gedanken neigen dazu, unsere Aufmerksamkeit zu dominieren und andere, positivere Aspekte zu verdrängen. Wenn Sie bemerken, dass Sie sich auf etwas Negatives konzentrieren, nehmen Sie sich bewusst einen Moment, um den Fokus auf das Positive zu lenken. Dies kann so einfach sein wie das Aufschreiben von drei Dingen, die Ihnen an diesem Tag gut gelungen sind oder für die Sie dankbar sind. Diese Übung mag simpel erscheinen, aber durch das regelmäßige Schiften des Fokus lernen Sie, Ihr Gehirn darauf zu trainieren, das Positive im Alltag zu sehen. Die Übung der Dankbarkeit kann Ihnen helfen, eine optimistischere Einstellung zu kultivieren und sich weniger von negativen Gedanken einnehmen zu lassen.

Visualisierung ist ebenfalls eine kraftvolle Methode, um das Denken von negativ zu positiv zu verändern. Nehmen Sie sich täglich ein paar Minuten Zeit, um sich in einer Situation vorzustellen, in der Sie erfolgreich, glücklich und voller Selbstvertrauen sind. Stellen Sie sich die Details genau vor – wie Sie sich fühlen, was Sie sehen und hören. Diese positive Visualisierung kann dazu beitragen, negative Gedanken zu durchbrechen, da sie das Gehirn dazu bringt, sich auf positive Szenarien zu fokussieren. Studien zeigen, dass regelmäßiges Visualisieren von Erfolgserlebnissen das Selbstbewusstsein stärkt und negative Überzeugungen über sich selbst vermindern kann. Indem Sie sich selbst in positiven Situationen sehen, schaffen Sie mentale Bilder, die Ihnen helfen, im realen Leben selbstbewusster und optimistischer zu handeln.

Ein weiteres wertvolles Werkzeug ist die „Selbstmitgefühlspraxis". Häufig sind negative Gedanken mit Selbstkritik verbunden – wir sind oft zu streng mit uns selbst und fokussieren uns auf unsere Schwächen. Selbstmitgefühl bedeutet, sich selbst gegenüber freundlich und nachsichtig zu sein, insbesondere in Momenten, in denen wir Fehler machen oder Herausforderungen begegnen. Anstatt sich zu sagen: „Ich habe das wieder nicht geschafft, wie immer," könnten Sie sich mit einer mitfühlenden inneren Stimme ansprechen: „Das war nicht perfekt, aber ich habe mein Bestes gegeben. Das nächste Mal werde ich es besser machen." Diese Haltung ermöglicht es Ihnen, negative Gedanken zu entschärfen und sich selbst als Mensch mit Schwächen und Stärken anzunehmen. Selbstmitgefühl stärkt das Vertrauen in die eigenen Fähigkeiten und hilft Ihnen, auch in schwierigen Situationen eine positive Einstellung zu bewahren.

Eine effektive Methode zum Wechseln von negativem zu positivem Denken ist auch die „Perspektivwechsel-Technik". Negative Gedanken entstehen oft aus einer eingeschränkten Sichtweise, in der wir uns nur auf einen kleinen Teil des Ganzen konzentrieren. Ein Perspektivwechsel kann helfen, negative Gedanken in einem neuen Licht zu betrachten. Fragen Sie sich: „Wie würde eine andere Person diese Situation sehen?" oder „Wie werde ich diese Situation in fünf Jahren betrachten?" Ein solcher Perspektivwechsel hilft dabei, die Bedeutung eines negativen Gedankens zu relativieren und zu erkennen, dass es oft auch eine positive oder zumindest neutrale Sichtweise auf die Situation gibt. Diese Technik kann besonders hilfreich sein, um Sorgen und Ängste zu relativieren und eine gelassenere, optimistischere Denkweise zu fördern.

Affirmationen sind eine weitere Methode, um das Denken schrittweise zu verändern. Affirmationen sind positive Aussagen, die uns helfen, neue Überzeugungen zu entwickeln und negative Gedanken zu ersetzen. Wenn Sie zum Beispiel häufig denken: „Ich bin nicht gut genug," könnten Sie eine Affirmation wie „Ich bin fähig und wertvoll" verwenden. Wiederholen Sie diese Affirmation mehrmals am Tag, besonders in Momenten, in denen negative Gedanken auftauchen. Studien haben gezeigt, dass Affirmationen das Gehirn positiv beeinflussen und neue Denkmuster schaffen können, die zu mehr Selbstvertrauen und Zufriedenheit führen. Mit der Zeit können Affirmationen helfen, eine positive Denkweise zu festigen und die negativen Gedanken zu schwächen.

Eine weitere Möglichkeit, um negative Gedanken in positive umzuwandeln, ist das bewusste „Loslassen." Negative Gedanken halten uns oft fest, weil wir uns an ihnen festklammern und sie immer wieder durchdenken. Doch nicht jeder Gedanke verdient unsere Aufmerksamkeit. Wenn ein negativer Gedanke auftaucht, könnten Sie ihn bewusst als vorübergehend betrachten, zum Beispiel indem Sie sich sagen: „Das ist nur ein Gedanke, der kommen und gehen darf." Visualisieren Sie, wie Sie den Gedanken loslassen, wie einen Ballon, den Sie in die Luft steigen lassen. Diese Technik des Loslassens hilft Ihnen, sich nicht in negativen Gedankenspiralen zu verlieren, sondern stattdessen eine ruhige Distanz zu ihnen zu entwickeln.

Schließlich kann die Praxis der „Reframing-Technik" (Umdeutung) eine wirksame Methode sein, um negative Gedanken zu transformieren. Reframing bedeutet, eine Situation aus einem anderen Blickwinkel zu betrachten und eine positive oder konstruktive Deutung zu finden. Wenn Sie zum Beispiel denken: „Dieser Tag war eine Katastrophe," könnten Sie sich fragen: „Was habe ich heute gelernt?" oder „Gab es auch etwas Positives an diesem Tag?" Durch das bewusste Umdeuten lernen Sie, in jeder Situation etwas Gutes oder zumindest eine wertvolle Lektion zu finden. Diese Technik stärkt die Resilienz und hilft Ihnen, selbst in schwierigen Momenten eine positive Einstellung beizubehalten.

Der Wechsel von negativem zu positivem Denken ist kein einmaliges Ereignis, sondern ein kontinuierlicher Prozess. Jede dieser Methoden bietet Ihnen Werkzeuge, um negative Denkmuster zu erkennen und in eine unterstützende, optimistische Denkweise umzuwandeln. Es braucht Übung und Geduld, doch die Resultate – mehr Selbstvertrauen, ein positiveres Lebensgefühl und die Fähigkeit, Herausforderungen mit Zuversicht zu begegnen – sind den Einsatz wert.

4. Den Fokus auf positive Gedanken halten

Den Fokus auf positive Gedanken zu halten, ist eine wertvolle Fähigkeit, die sich direkt auf unsere Lebensqualität auswirken kann. Doch in einer Welt, die uns täglich mit Herausforderungen, negativen Nachrichten und persönlichen Rückschlägen konfrontiert, ist es oft nicht einfach, den Geist auf das Positive auszurichten. Unsere Gedanken neigen dazu, auf Probleme und Sorgen zu reagieren, und bevor wir es bemerken, finden wir uns in einer Spirale negativer Gedanken wieder. Das bewusste Halten des Fokus auf positive Gedanken ist daher nicht nur eine Frage des Wollens, sondern erfordert Übung und gezielte Strategien, die uns dabei unterstützen, unser Denken immer wieder neu auszurichten.

Ein erster Schritt, um den Fokus auf positive Gedanken zu halten, ist das bewusste Praktizieren von Dankbarkeit. Dankbarkeit hilft uns, unsere Aufmerksamkeit auf das zu lenken, was wir bereits haben, anstatt auf das, was uns fehlt. Dies kann so einfach sein wie eine tägliche Dankbarkeitsübung: Nehmen Sie sich jeden Abend einige Minuten Zeit und notieren Sie drei Dinge, für die Sie an diesem Tag dankbar sind. Es können kleine Dinge sein – ein gutes Gespräch, eine schöne Landschaft oder eine Tasse Kaffee, die Sie genossen haben. Indem wir uns regelmäßig bewusst machen, wofür wir dankbar sind, schaffen wir eine Grundlage, die uns hilft, auch in schwierigen Momenten positiv zu bleiben. Studien zeigen, dass regelmäßige Dankbarkeitsübungen das Wohlbefinden steigern und uns resilienter gegenüber Herausforderungen machen.

Ein weiteres kraftvolles Werkzeug ist die Achtsamkeit. Achtsamkeit bedeutet, im gegenwärtigen Moment zu sein und die Gedanken zu beobachten, ohne sie zu bewerten. Oft neigen wir dazu, negative Gedanken sofort zu beurteilen und uns von ihnen mitreißen zu lassen, was ihren Einfluss verstärkt. Durch Achtsamkeit können wir lernen, diese Gedanken als vorübergehende Ereignisse wahrzunehmen und uns bewusst dazu entscheiden, unsere Aufmerksamkeit wieder auf das Positive zu lenken. Eine einfache Möglichkeit, dies zu üben, ist die Atemmeditation: Setzen Sie sich bequem hin, schließen Sie die Augen und konzentrieren Sie sich auf Ihren Atem. Wenn ein negativer Gedanke auftaucht, nehmen Sie ihn einfach wahr und lassen ihn los, während Sie wieder zum Atem zurückkehren. Diese Praxis hilft Ihnen, den Geist zu beruhigen und schafft Raum für positive Gedanken.

Positives Selbstgespräch ist ebenfalls eine effektive Methode, um den Fokus auf das Positive zu halten. Häufig sind wir uns gar nicht bewusst, wie kritisch wir mit uns selbst sprechen und wie sehr diese innere Stimme unsere Stimmung beeinflusst. Wenn Sie merken, dass negative Gedanken aufkommen, versuchen Sie, sie durch unterstützende und ermutigende Worte zu ersetzen. Anstatt sich selbst zu sagen: „Das schaffe ich nie," könnten Sie denken: „Ich habe schon viele Herausforderungen gemeistert, ich werde auch diese meistern." Diese kleinen Veränderungen in der Selbstansprache können eine große Wirkung haben, da sie uns helfen, mitfühlender und positiver mit uns selbst umzugehen. Ein freundliches Selbstgespräch stärkt das Selbstvertrauen und hilft uns, den Fokus auf positive Gedanken zu lenken.

Ein weiterer wirkungsvoller Ansatz ist es, positive Erfahrungen bewusst festzuhalten und zu genießen. Wir neigen oft dazu, positive Momente schnell zu übersehen oder sie als selbstverständlich anzusehen. Wenn Sie etwas Schönes erleben – sei es ein Spaziergang in der Natur, ein Lachen mit einem Freund oder ein Moment der Stille –, nehmen Sie sich bewusst Zeit, diesen Moment zu genießen. Lassen Sie das Gefühl der Freude oder des Friedens auf sich wirken und speichern Sie es als eine wertvolle Erinnerung ab. Indem Sie solche positiven Momente bewusster erleben, stärken Sie Ihre Fähigkeit, das Positive zu sehen und sich daran zu erinnern, selbst in Zeiten, in denen die Dinge nicht ideal verlaufen.

Visualisierung kann ebenfalls dabei helfen, den Fokus auf positive Gedanken zu halten. Indem Sie sich regelmäßig vorstellen, wie Sie Ihre Ziele erreichen oder Herausforderungen erfolgreich meistern, trainieren Sie Ihr Gehirn darauf, positive Szenarien zu sehen. Nehmen Sie sich täglich ein paar Minuten Zeit, um sich vorzustellen, wie Sie glücklich und zufrieden Ihr Leben gestalten. Stellen Sie sich die Freude, die Gelassenheit und die Stärke vor, die Sie dabei empfinden. Diese Visualisierung stärkt nicht nur Ihr Vertrauen, sondern hilft Ihnen auch, die positiven Aspekte in Ihrem Leben wahrzunehmen und zu schätzen.

Ein unterstützendes soziales Umfeld spielt ebenfalls eine wichtige Rolle dabei, den Fokus auf positive Gedanken zu halten. Umgeben Sie sich mit Menschen, die eine positive Einstellung haben und Sie unterstützen, anstatt zu kritisieren. Positive Gespräche und der Austausch mit Freunden oder Familie, die optimistisch denken, können einen großen Einfluss auf unsere eigene Einstellung haben. Suchen Sie nach Gelegenheiten, Zeit mit solchen Menschen zu verbringen, und nehmen Sie bewusst die positive Energie und den Optimismus auf, den sie ausstrahlen. Ein unterstützendes Umfeld gibt Ihnen Rückhalt und inspiriert Sie, auch in schwierigen Zeiten den Fokus auf das Positive zu halten.

Eine besonders hilfreiche Technik ist das „Reframing" oder Umdeuten. Dabei geht es darum, eine negative Situation bewusst in einem neuen Licht zu sehen und eine positive oder zumindest konstruktive Bedeutung zu finden. Wenn Sie zum Beispiel einen Fehler machen und sich denken: „Ich bin einfach nicht gut genug," könnten Sie diesen Gedanken umdeuten und sich sagen: „Dieser Fehler ist eine Chance, etwas Neues zu lernen und zu wachsen." Reframing hilft Ihnen, auch in schwierigen Momenten eine positive Sichtweise zu finden und das Beste aus jeder Situation herauszuholen. Diese Technik stärkt die Resilienz und unterstützt Sie dabei, den Fokus auf das Positive zu lenken, selbst wenn das Leben Herausforderungen bereithält.

Zuletzt ist es wichtig, Geduld mit sich selbst zu haben. Den Fokus auf positive Gedanken zu halten, ist ein Prozess, der Zeit und Übung erfordert. Es ist normal, dass es Tage gibt, an denen negative Gedanken überwiegen oder die Herausforderungen des Lebens uns schwer zu schaffen machen. Seien Sie freundlich zu sich selbst und erinnern Sie sich daran, dass jeder kleine Schritt zählt. Die Fähigkeit, den Fokus auf das Positive zu halten, wächst mit der Zeit und jedem Moment der bewussten Praxis. Feiern Sie Ihre Fortschritte und bleiben Sie beständig – schon bald werden Sie bemerken, wie Ihre Gedankenmuster sich ändern und wie viel leichter es Ihnen fällt, auch in schwierigen Zeiten das Positive zu sehen.

Indem Sie diese Methoden regelmäßig anwenden, schaffen Sie eine starke Grundlage, um den Fokus auf positive Gedanken zu halten und eine optimistische Denkweise zu entwickeln, die Sie durch alle Höhen und Tiefen des Lebens trägt.

Kapitel 3: Positive Gewohnheiten im Alltag entwickeln

1. Die Bedeutung von Gewohnheiten für ein positives Denken

Gewohnheiten sind mehr als nur alltägliche Routinen – sie bilden die unsichtbaren Bausteine unseres Lebens und prägen maßgeblich, wie wir denken, fühlen und handeln. Besonders für das Entwickeln und Aufrechterhalten einer positiven Denkweise spielen Gewohnheiten eine zentrale Rolle. Viele von uns kennen den Wunsch, optimistischer und gelassener zu sein, doch ohne die richtigen Gewohnheiten fällt es schwer, diese Denkweise im Alltag beizubehalten. Positive Gewohnheiten schaffen eine Struktur, die unser Denken langfristig stärkt und es uns ermöglicht, auch in herausfordernden Zeiten positiv zu bleiben.

Stellen Sie sich vor, Ihr Tag beginnt mit einem Moment der Ruhe, in dem Sie bewusst tief durchatmen, bevor Sie in die Hektik des Alltags eintauchen. Allein diese kleine Gewohnheit kann einen großen Unterschied machen. Indem Sie sich morgens Zeit nehmen, sich zu sammeln und Ihre Gedanken zu ordnen, schaffen Sie einen Ankerpunkt, der Ihnen hilft, den Tag mit einer positiven Einstellung zu beginnen. Eine Morgenroutine kann uns dabei unterstützen, unsere Gedanken gezielt auf das zu richten, was gut und erfüllend ist. Selbst eine einfache Dankbarkeitsübung am Morgen – bei der Sie sich an drei Dinge erinnern, für die Sie dankbar sind – stärkt das Bewusstsein für das Positive und bereitet den Geist darauf vor, den Tag mit Zuversicht und Offenheit anzugehen.

Die Kraft der Gewohnheiten liegt in ihrer Beständigkeit. Gedanken und Gefühle können sich täglich ändern und von äußeren Einflüssen geprägt sein, doch eine Gewohnheit bleibt bestehen, selbst wenn wir uns mal nicht motiviert fühlen. Ein Beispiel dafür ist die Gewohnheit, jeden Tag ein paar Minuten für positive Selbstreflexion zu reservieren. Diese kurze Zeit, in der wir den Tag Revue passieren lassen und uns auf die guten Dinge konzentrieren, hilft uns, auch in schwierigen Phasen den Fokus auf das Positive zu richten. Wenn wir diese Reflexion zur Gewohnheit machen, wird sie zu einem Anker, der uns immer wieder zurück auf den Weg der positiven Denkweise bringt, unabhängig davon, was im Außen passiert.

Eine weitere bedeutende Gewohnheit ist das Üben von Achtsamkeit. In einer Welt voller Ablenkungen und ständiger Aktivität kann Achtsamkeit uns helfen, zur Ruhe zu kommen und das Hier und Jetzt wahrzunehmen. Achtsamkeit bedeutet, die Gegenwart ohne Bewertung zu erleben und zu akzeptieren, was ist. Indem wir achtsam werden, lernen wir, uns von negativen Gedanken zu distanzieren und bewusster zu entscheiden, worauf wir unsere Aufmerksamkeit richten wollen. Eine einfache Achtsamkeitsübung, wie das bewusste Atmen oder das Fokussieren auf ein kleines Detail im Alltag, kann eine tiefgreifende Wirkung auf unsere Denkweise haben. Mit der Zeit entwickeln wir dadurch die Fähigkeit, im Alltag präsenter zu sein und uns auf das Positive zu konzentrieren.

Positives Denken wird durch kleine, wiederkehrende Handlungen genährt. Eine solche Handlung könnte sein, am Abend vor dem Schlafengehen kurz innezuhalten und sich zu fragen: „Was ist heute gut gelaufen?" Diese Frage lenkt den Fokus auf die erfreulichen und gelungenen Momente des Tages und ermöglicht es uns, den Tag mit einem Gefühl der Zufriedenheit abzuschließen. Diese Praxis ist nicht nur eine Erinnerung daran, dass selbst in den herausforderndsten Tagen Positives zu finden ist, sondern hilft auch dabei, das Gehirn auf positive Muster zu trainieren. Forscher haben herausgefunden, dass Menschen, die regelmäßig ihre Erfolge und positiven Erfahrungen reflektieren, eine höhere Zufriedenheit und eine optimistischere Grundhaltung entwickeln.

Die regelmäßige Pflege sozialer Beziehungen ist ebenfalls eine bedeutende Gewohnheit, die zu einer positiven Denkweise beitragen kann. Studien zeigen, dass Menschen, die enge soziale Verbindungen pflegen, tendenziell glücklicher und resilienter sind. Das regelmäßige Pflegen von Freundschaften oder die Gewohnheit, sich Zeit für Gespräche und Austausch mit Familie und Freunden zu nehmen, schafft ein starkes Netzwerk, das uns in schwierigen Zeiten stützt. Wenn wir bewusst Beziehungen pflegen und Zeit mit positiven, inspirierenden Menschen verbringen, übernehmen wir oft ihre optimistische Sichtweise und fühlen uns motivierter, selbst positiver zu denken. Ein einfaches Telefonat oder eine Nachricht kann oft schon ausreichen, um uns daran zu erinnern, dass wir nicht allein sind und Unterstützung haben.

Auch körperliche Gewohnheiten spielen eine wichtige Rolle. Bewegung und körperliche Aktivität haben nicht nur einen positiven Einfluss auf die körperliche Gesundheit, sondern auch auf die mentale und emotionale Verfassung. Regelmäßige Bewegung, sei es ein Spaziergang, Yoga oder Sport, kann helfen, Stress abzubauen und die Stimmung zu heben. Wenn wir Bewegung zur Gewohnheit machen, schaffen wir eine Quelle für Wohlbefinden und Energie, die uns hilft, positiver und klarer zu denken. Studien zeigen, dass schon kurze Bewegungseinheiten die Ausschüttung von Endorphinen fördern – den sogenannten „Glückshormonen" – die direkt zu einem positiveren Denken beitragen können.

Eine ebenso wertvolle Gewohnheit für positives Denken ist das bewusste Setzen von Zielen. Kleine, erreichbare Ziele geben uns ein Gefühl der Erfüllung und des Fortschritts und stärken unser Selbstvertrauen. Die Gewohnheit, sich regelmäßig Ziele zu setzen und die Erfolge zu feiern, selbst die kleinsten, hält den Geist in einem Zustand des Wachstums und der positiven Motivation. Ein erreichbares Ziel könnte zum Beispiel sein, jeden Tag eine kleine Aufgabe zu erledigen, die zur eigenen Entwicklung beiträgt, sei es das Lesen eines inspirierenden Buchkapitels oder das Lernen einer neuen Fähigkeit. Das Erreichen dieser kleinen Ziele motiviert uns und verleiht uns die Zuversicht, dass wir in der Lage sind, unser Leben aktiv und positiv zu gestalten.

Der Aufbau und die Pflege positiver Gewohnheiten sind ein Prozess, der Zeit und Beständigkeit erfordert. Es kann hilfreich sein, mit einer einzigen Gewohnheit zu beginnen und sie konsequent zu pflegen, bevor man weitere hinzufügt. Schon eine einzige neue Gewohnheit kann eine Welle positiver Veränderungen auslösen und das Fundament für eine optimistischere Lebenseinstellung legen. Wenn wir uns bewusst dafür entscheiden, kleine, positive Handlungen in unseren Alltag zu integrieren, schaffen wir die Voraussetzungen dafür, dass sich unser Denken langfristig in Richtung Positivität entwickelt. Positive Gewohnheiten wirken wie eine unsichtbare Unterstützung, die uns auch in schwierigen Zeiten stabil und optimistisch hält.

Die Bedeutung von Gewohnheiten für positives Denken liegt letztlich darin, dass sie uns eine Struktur bieten, auf die wir uns verlassen können. Sie geben uns Sicherheit und Beständigkeit und helfen uns, auch dann positiv zu bleiben, wenn das Leben uns herausfordert. Indem wir kleine, bewusste Entscheidungen in unserem Alltag verankern, können wir das Fundament für ein Leben voller Optimismus und Zuversicht schaffen – ein Leben, in dem wir uns selbst vertrauen und das Positive auch in den kleinsten Momenten finden können.

2. Den Tag mit einer positiven Einstellung beginnen

Wie wir unseren Tag beginnen, hat einen enormen Einfluss darauf, wie wir ihn erleben und mit den Herausforderungen umgehen, die uns begegnen. Ein Morgen voller Stress und Hektik kann den gesamten Tag prägen und unsere Stimmung negativ beeinflussen, während ein positiver Start uns Energie und Klarheit schenkt. Die bewusste Entscheidung, den Tag mit einer positiven Einstellung zu beginnen, kann also den Unterschied zwischen einem schwierigen und einem erfüllten Tag ausmachen. Doch wie schafft man es, diese positive Grundhaltung am Morgen zu entwickeln?

Ein erster Schritt besteht darin, sich am Morgen bewusst Zeit zu nehmen, bevor die Welt um uns herum uns fordert. Wenn der Wecker klingelt, ist es verlockend, sofort in den Tag zu springen und die Aufgabenliste abzuarbeiten. Doch bevor Sie das tun, halten Sie einen Moment inne und gönnen sich ein paar Minuten für sich selbst. Dieser bewusste Anfang des Tages hilft Ihnen, Ihre Gedanken zu ordnen und sich innerlich auf das Positive auszurichten. Schließen Sie die Augen und atmen Sie ein paar Mal tief ein und aus, konzentrieren Sie sich auf den Atem und lassen Sie jeglichen Druck los. Diese kleine Atemübung schafft Raum für Gelassenheit und Ruhe und gibt Ihnen die Möglichkeit, den Tag mit einer klaren und entspannten Einstellung zu beginnen.

Dankbarkeit ist ein weiteres kraftvolles Werkzeug, das Ihren Morgen auf positive Weise beeinflussen kann. Beginnen Sie den Tag, indem Sie sich bewusst machen, wofür Sie dankbar sind. Überlegen Sie sich drei Dinge, die Ihnen Freude bereiten oder die Sie schätzen – das kann die Unterstützung Ihrer Familie sein, die Aussicht auf eine interessante Aufgabe oder einfach das Gefühl, gesund und wohlauf zu sein. Diese Übung hilft, den Geist auf das Gute zu lenken und die Wahrnehmung von Anfang an in eine positive Richtung zu lenken. Dankbarkeit öffnet das Herz und schafft eine Atmosphäre des Wohlwollens, die uns hilft, auch in den herausfordernden Momenten des Tages gelassen und freundlich zu bleiben.

Ein weiteres Element, das helfen kann, den Tag positiv zu beginnen, ist Bewegung. Körperliche Aktivität am Morgen aktiviert den Kreislauf und bringt Energie in den Körper, was sich direkt auf die Stimmung auswirkt. Ob ein kurzer Spaziergang, ein paar Dehnübungen oder eine kurze Yoga-Praxis – Bewegung macht uns wach und regt die Produktion von Endorphinen an, den sogenannten „Glückshormonen." Sie müssen nicht lange trainieren; schon wenige Minuten reichen aus, um das Energieniveau zu steigern und ein Gefühl der Vitalität zu schaffen. Wenn Sie den Tag mit Bewegung beginnen, schenken Sie sich selbst Kraft und Frische und fördern eine positive Grundstimmung.

Auch das Setzen einer positiven Intention kann den Verlauf Ihres Tages beeinflussen. Eine Intention ist eine Art inneres Ziel oder Leitgedanke, den Sie für den Tag festlegen. Nehmen Sie sich morgens einen Moment Zeit, um sich zu fragen: „Wie möchte ich heute den Tag gestalten?" oder „Welche Qualität möchte ich in meinen Alltag bringen?" Ihre Intention könnte zum Beispiel sein, gelassen und freundlich zu bleiben, egal was passiert, oder den Tag mit Neugierde und Offenheit anzugehen. Diese bewusste Entscheidung für eine innere Haltung hilft Ihnen, sich immer wieder daran zu erinnern, wie Sie auf Situationen reagieren möchten. Sie stärkt Ihr Bewusstsein für die Art und Weise, wie Sie Ihren Tag erleben, und hilft, eine stabile und positive Einstellung zu bewahren.

Positives Selbstgespräch ist ein weiterer kraftvoller Aspekt, um den Tag mit einer positiven Einstellung zu beginnen. Nehmen Sie sich morgens ein paar Minuten, um sich selbst zu ermutigen und freundlich zu Ihnen selbst zu sein. Viele von uns beginnen den Tag mit kritischen Gedanken oder Zweifeln, doch diese innere Stimme kann durch bewusste, positive Botschaften ersetzt werden. Sagen Sie sich zum Beispiel: „Ich werde heute mein Bestes geben," oder „Ich vertraue darauf, dass ich mit allem umgehen kann, was auf mich zukommt." Diese positiven Affirmationen helfen, den Geist in eine optimistische und selbstbewusste Richtung zu lenken. Sie geben Ihnen die Kraft, sich den Herausforderungen des Tages zu stellen, und helfen, die innere Haltung von Anfang an auf das Positive auszurichten.

Ein weiterer Aspekt eines positiven Morgens ist das bewusste Genießen von kleinen Ritualen. Ein gutes Frühstück, eine Tasse Tee oder

Kaffee in Ruhe, das Hören von Musik oder eine kurze Meditation – solche Momente sind Gelegenheiten, sich selbst etwas Gutes zu tun und den Tag langsam und mit Freude zu beginnen. Wenn Sie diese kleinen Rituale mit Achtsamkeit erleben, stärken Sie das Gefühl von Zufriedenheit und Selbstfürsorge. Diese Momente helfen Ihnen, sich auf das Hier und Jetzt zu konzentrieren und das Positive im Alltag wahrzunehmen. Sie geben dem Morgen Struktur und bereiten Sie auf die Anforderungen des Tages vor.

Auch das Vermeiden von unnötigen Ablenkungen, wie das sofortige Überprüfen von Nachrichten oder sozialen Medien, kann dazu beitragen, den Tag positiv zu starten. Wenn wir direkt nach dem Aufwachen unser Handy in die Hand nehmen, überlassen wir unsere Gedanken oft fremden Informationen, die unsere Stimmung negativ beeinflussen können. Stattdessen könnte es hilfreich sein, den Morgen bewusst „medienfrei" zu gestalten, zumindest für die ersten Minuten oder Stunden. So behalten Sie die Kontrolle über Ihre Gedanken und Gefühle und schaffen sich einen Raum der Ruhe und Klarheit, bevor Sie sich den äußeren Einflüssen aussetzen. Dieser medienfreie Raum gibt Ihnen die Möglichkeit, den Tag selbstbestimmt und positiv zu gestalten.

Schließlich ist es wichtig, Geduld mit sich selbst zu haben. Den Tag mit einer positiven Einstellung zu beginnen, erfordert Übung und ist nicht immer einfach. Es wird Tage geben, an denen Sie müde oder gestresst aufwachen und es Ihnen schwerfällt, positiv zu denken. Doch auch an solchen Tagen können kleine Schritte helfen – sei es ein kurzer Moment der Dankbarkeit oder das Setzen einer einfachen Intention für den Tag. Jeder Morgen, an dem Sie sich bewusst für eine positive Haltung entscheiden, stärkt Ihre Fähigkeit, auch in herausfordernden Zeiten das Gute zu sehen und sich von negativen Einflüssen nicht überwältigen zu lassen.

Den Tag mit einer positiven Einstellung zu beginnen, ist eine Entscheidung, die Sie jeden Morgen neu treffen können. Sie schenkt Ihnen die Möglichkeit, den Alltag mit einem offenen und freudigen Geist zu erleben und die kleinen Freuden des Lebens wertzuschätzen.

3. Dankbarkeitsübungen im Alltag

Dankbarkeit ist eine der kraftvollsten Möglichkeiten, das eigene Wohlbefinden zu steigern und eine positive Denkweise zu fördern. Indem wir uns bewusst auf das konzentrieren, wofür wir dankbar sind, lenken wir unseren Geist auf das Gute in unserem Leben, anstatt uns nur auf die Herausforderungen oder Probleme zu fokussieren. Dankbarkeit hilft uns, die kleinen Freuden des Alltags wahrzunehmen und zu schätzen, die wir oft im Trubel übersehen. Doch wie lässt sich diese Praxis in den Alltag integrieren?

Eine der einfachsten und zugleich wirkungsvollsten Übungen ist das Führen eines Dankbarkeitstagebuchs. Nehmen Sie sich jeden Abend ein paar Minuten Zeit, um drei Dinge aufzuschreiben, für die Sie an diesem Tag dankbar sind. Dies kann alles Mögliche sein – von einem schönen Gespräch mit einem Freund über eine gelungene Aufgabe bis hin zu einem Moment der Ruhe in der Natur. Wichtig ist, dass Sie die Dankbarkeitsmomente bewusst und ohne Eile notieren, sodass Sie die Gefühle, die damit verbunden sind, wirklich spüren. Das Schreiben in einem Dankbarkeitstagebuch ist nicht nur eine Erinnerung an das Gute, sondern auch eine Möglichkeit, den Tag positiv abzuschließen und mit einem Gefühl der Zufriedenheit in die Nacht zu gehen. Diese regelmäßige Praxis kann dabei helfen, eine langfristig optimistische Denkweise zu entwickeln.

Ein weiterer schöner Weg, Dankbarkeit im Alltag zu üben, ist die bewusste Wahrnehmung kleiner Momente. Oft gehen wir durch den Tag, ohne die einfachen Freuden des Lebens zu bemerken – den warmen Sonnenstrahl auf der Haut, den Duft von frischem Kaffee oder das Lachen eines Kindes. Nehmen Sie sich im Laufe des Tages immer wieder kurze Momente, um innezuhalten und bewusst zu spüren, wofür Sie in diesem Augenblick dankbar sind. Schließen Sie für einen Moment die Augen und konzentrieren Sie sich darauf, wie sich Dankbarkeit in Ihrem Körper anfühlt. Spüren Sie vielleicht eine Wärme im Brustbereich oder ein leichtes Lächeln? Diese Achtsamkeitsübung hilft, Dankbarkeit nicht nur im Kopf, sondern auch im Körper zu verankern und den Moment voll und ganz zu genießen.

Dankbarkeit lässt sich auch wunderbar in soziale Interaktionen einbinden. Nehmen Sie sich vor, jeden Tag einer anderen Person Ihre Dankbarkeit zu zeigen – sei es durch ein herzliches „Danke" oder ein paar Worte, die ausdrücken, was Sie an dieser Person schätzen. Dies kann ein Familienmitglied, ein Freund, ein Kollege oder auch ein Fremder sein, der Ihnen im Alltag begegnet. Indem Sie Dankbarkeit ausdrücken, schaffen Sie nicht nur eine positive Verbindung zu anderen, sondern stärken auch Ihre eigene Zufriedenheit. Die Freude und das Lächeln, das oft als Reaktion auf Dankbarkeit zurückkommt, wirken wie ein Spiegel, der Ihre eigene Dankbarkeit vertieft.

Eine weitere Möglichkeit, Dankbarkeit zu üben, besteht darin, sich morgens beim Aufwachen einige Augenblicke zu nehmen, um sich auf das zu freuen, was der Tag bringen könnte. Bevor Sie aus dem Bett steigen, fragen Sie sich: „Worauf freue ich mich heute?" oder „Welche kleinen Dinge könnten mir heute Freude bereiten?" Es kann der Gedanke an eine gute Tasse Kaffee sein, ein Spaziergang im Freien oder das Erledigen einer Aufgabe, die Ihnen am Herzen liegt. Diese kurze, aber wirkungsvolle Übung lenkt den Fokus auf das Positive und hilft Ihnen, den Tag mit einer offenen und dankbaren Einstellung zu beginnen.

Eine Dankbarkeitsübung, die vielen Menschen hilft, ist auch die bewusste Reflexion am Abend. Bevor Sie schlafen gehen, nehmen Sie sich ein paar Minuten Zeit, um den Tag Revue passieren zu lassen. Überlegen Sie sich, welche Momente des Tages Sie mit Freude erfüllt haben, und danken Sie sich selbst dafür, dass Sie diese bewusst wahrgenommen haben. Diese Reflexion kann zu einem festen Bestandteil Ihres Tagesabschlusses werden und dazu beitragen, das Gute in jedem Tag zu sehen – selbst an schwierigen Tagen, an denen es vielleicht nicht so viel Offensichtliches gibt, wofür man dankbar sein kann.

Dankbarkeit kann auch über visuelle Erinnerungen gestärkt werden. Erstellen Sie eine „Dankbarkeitsecke" oder ein kleines Board in Ihrem Zuhause, auf dem Sie Dinge platzieren, für die Sie besonders dankbar sind. Dies können Fotos von lieben Menschen, Erinnerungen an besondere Momente oder Zitate sein, die Sie inspirieren. Wann immer Sie an diesem Ort vorbeigehen, werden Sie daran erinnert, was in Ihrem Leben von Bedeutung ist und wofür Sie dankbar sind. Diese visuelle Erinnerung wirkt wie ein Anker, der Ihren Geist immer wieder auf das Positive lenkt, auch wenn der Tag herausfordernd ist.

Eine weitere effektive Übung ist das Visualisieren der Dinge, für die Sie dankbar sind. Nehmen Sie sich ein paar Minuten, schließen Sie die Augen und stellen Sie sich die Dinge oder Menschen vor, die Ihnen Freude und Erfüllung bringen. Versuchen Sie, die positiven Gefühle, die damit verbunden sind, ganz intensiv wahrzunehmen – die Wärme, das Lächeln oder die Geborgenheit, die Sie verspüren. Diese Visualisierung stärkt das Gefühl der Dankbarkeit und hilft Ihnen, sich auch in schwierigen Momenten an das Gute zu erinnern.

Auch das gemeinsame Erleben von Dankbarkeit in einer Gruppe oder mit der Familie kann eine starke Wirkung haben. Sie könnten zum Beispiel jeden Abend beim Abendessen eine kleine Runde Dankbarkeit einführen, bei der jeder kurz erzählt, wofür er an diesem Tag dankbar ist. Dies schafft eine positive Atmosphäre und hilft allen Beteiligten, das Gute im Alltag zu schätzen. Besonders für Kinder kann diese Übung wertvoll sein, da sie lernen, von klein auf den Blick für das Positive zu entwickeln.

Zum Abschluss ist es wichtig zu betonen, dass Dankbarkeitsübungen keine sofortige Veränderung bewirken, sondern eine Praxis sind, die mit der Zeit eine tiefere Wirkung entfaltet. Die regelmäßige Wiederholung dieser Übungen hilft dabei, das Gehirn auf Dankbarkeit und Positivität zu trainieren, sodass sich mit der Zeit eine optimistische und zufriedenstellende Lebenseinstellung entwickelt. Dankbarkeit kann wie ein Muskel gestärkt werden – je öfter Sie sie praktizieren, desto mehr wird sie zu einem festen Bestandteil Ihres Lebens und Ihrer Denkweise.

Dankbarkeit im Alltag zu üben, bedeutet, das Leben in seiner Fülle wahrzunehmen und zu schätzen. Sie lenkt den Fokus auf das Gute und hilft, die kleinen Freuden des Lebens zu würdigen.

4. Positivität in alle Lebensbereiche integrieren

Positivität ist mehr als nur eine Denkweise – sie kann zu einem Lebensstil werden, der alle Bereiche unseres Lebens durchdringt und bereichert. Doch wie lässt sich Positivität in verschiedene Aspekte des Alltags integrieren, sodass sie zu einem festen Bestandteil unseres Lebens wird? Es ist ein Prozess, der bewusste Entscheidungen und konsequente kleine Schritte erfordert, aber die positiven Auswirkungen auf unser Wohlbefinden, unsere Beziehungen und unsere Lebensqualität sind die Mühe wert. Wenn wir uns dafür entscheiden, Positivität in alle Lebensbereiche zu integrieren, schaffen wir eine Grundlage, die uns stärkt und inspiriert, selbst in herausfordernden Zeiten.

Ein zentraler Bereich, in dem Positivität eine große Rolle spielen kann, sind unsere Beziehungen. Unsere Interaktionen mit anderen Menschen sind oft von Erwartungen, Missverständnissen und unterschiedlichen Meinungen geprägt. Positivität in Beziehungen zu integrieren bedeutet, bewusst auf das Gute in anderen zu achten und wertschätzend zu kommunizieren. Statt auf Fehler oder Kritikpunkte zu fokussieren, können wir lernen, die Stärken und positiven Eigenschaften unserer Mitmenschen zu sehen und anzuerkennen. Ein einfaches „Danke" oder ein aufrichtiges Lob kann die Atmosphäre in einer Beziehung sofort verbessern und das Vertrauen stärken. Wenn wir bewusst positive Energie in unsere Beziehungen einbringen, bauen wir stabile Verbindungen auf, die auch schwierige Zeiten überstehen können.

Auch am Arbeitsplatz lässt sich Positivität gezielt integrieren. Viele Menschen erleben den Arbeitsplatz als stressigen oder herausfordernden Ort, doch mit einer positiven Einstellung können wir unsere Arbeit nicht nur erfolgreicher, sondern auch erfüllender gestalten. Positivität am Arbeitsplatz bedeutet, offen für Herausforderungen zu sein und Probleme als Lernchancen zu betrachten. Statt sich über schwierige Aufgaben zu beschweren, können wir uns fragen: „Was kann ich aus dieser Situation lernen?" oder „Wie kann ich hier wachsen?" Diese Haltung hilft nicht nur, den eigenen Stress zu reduzieren, sondern inspiriert oft auch die Kollegen und schafft ein unterstützendes Arbeitsumfeld. Kleine Gesten der Freundlichkeit, wie das Anbieten von Hilfe oder das Teilen eines motivierenden Gedankens, können ebenfalls dazu beitragen, eine positive Atmosphäre am Arbeitsplatz zu fördern.

Ein weiterer Bereich, in dem Positivität große Veränderungen bewirken kann, ist die eigene Gesundheit und das Wohlbefinden. Körper und Geist sind eng miteinander verbunden, und eine positive Einstellung zu unserem Körper und unserer Gesundheit kann das gesamte Wohlbefinden verbessern. Anstatt den eigenen Körper kritisch zu betrachten oder sich auf vermeintliche Makel zu konzentrieren, können wir lernen, Dankbarkeit für unsere Gesundheit und die Fähigkeiten unseres Körpers zu empfinden. Regelmäßige Bewegung, gesunde Ernährung und ausreichend Schlaf sind wichtige Elemente für ein positives Lebensgefühl, und wenn wir diese Gewohnheiten mit einer Haltung der Wertschätzung pflegen, stärkt das nicht nur unseren Körper, sondern auch unseren Geist. Positivität in diesem Bereich bedeutet, achtsam und fürsorglich mit uns selbst umzugehen und unseren Körper als wertvollen Partner im Alltag zu schätzen.

Auch in unserer Freizeit und den Hobbys kann Positivität einen großen Unterschied machen. Wenn wir unsere Freizeit mit Aktivitäten füllen, die uns Freude bereiten und uns inspirieren, stärken wir unsere innere Zufriedenheit und füllen unsere Energiequellen auf. Positivität in der Freizeit bedeutet, bewusst Dinge zu tun, die uns guttun und unsere Kreativität fördern – sei es durch Sport, kreative Hobbys oder das Erkunden der Natur. Es bedeutet auch, unsere Freizeit ohne Schuldgefühle zu genießen und uns die Erlaubnis zu geben, einfach zu sein und den Moment zu genießen. Wenn wir unsere Freizeit positiv gestalten, können wir die Herausforderungen des Alltags besser bewältigen und kehren gestärkt und inspiriert in unsere Aufgaben zurück.

Positivität kann auch in unseren finanziellen Bereich integriert werden, was oft übersehen wird. Viele Menschen erleben Stress oder Sorgen im Umgang mit Finanzen, doch eine positive Einstellung kann helfen, den finanziellen Aspekt des Lebens in einem anderen Licht zu sehen. Statt sich auf das zu konzentrieren, was uns fehlt oder was wir uns vielleicht nicht leisten können, können wir lernen, für das dankbar zu sein, was wir haben, und unsere Ressourcen verantwortungsvoll zu nutzen. Positivität in finanziellen Angelegenheiten bedeutet, realistische Ziele zu setzen und schrittweise darauf hinzuarbeiten, ohne sich von Druck oder Sorgen überwältigen zu lassen. Es bedeutet auch, den Wert des Geldes in einem breiteren Kontext zu sehen und zu verstehen, dass wahrer Reichtum nicht nur materiell ist, sondern auch in den Erfahrungen und Beziehungen liegt, die unser Leben bereichern.

Auch im Bereich der persönlichen Entwicklung und des eigenen Wachstums ist die Integration von Positivität von großer Bedeutung. Oft setzen wir uns hohe Ziele und wünschen uns schnelle Fortschritte, doch Positivität in diesem Bereich bedeutet, geduldig und wohlwollend mit uns selbst umzugehen. Persönliche Entwicklung ist ein lebenslanger Prozess, und jede kleine Veränderung oder jeder Fortschritt verdient Anerkennung. Wenn wir lernen, uns selbst zu schätzen und unsere Stärken anzuerkennen, auch wenn wir noch nicht am Ziel sind, entwickelt sich ein Gefühl der Zufriedenheit und des Vertrauens. Positivität bedeutet hier, das eigene Wachstum als Reise zu betrachten und sich selbst mit Verständnis und Mitgefühl zu begleiten, anstatt sich zu kritisieren oder zu überfordern.

Sogar unsere Umgebung kann durch Positivität gestaltet werden. Ein aufgeräumter und einladender Wohnraum, der mit Dingen gefüllt ist, die uns Freude bereiten und inspirieren, kann unser Wohlbefinden stärken und eine positive Atmosphäre schaffen. Positivität in der Umgebung bedeutet, bewusst eine Umgebung zu schaffen, die uns unterstützt und in der wir uns wohlfühlen. Vielleicht möchten Sie Pflanzen aufstellen, inspirierende Bilder aufhängen oder einfach regelmäßig frische Luft in Ihre Räume lassen. Ein positiver Lebensraum erinnert uns täglich daran, wie wichtig es ist, uns selbst gut zu behandeln und einen Ort zu haben, an dem wir zur Ruhe kommen und Energie tanken können.

Schließlich ist es wichtig, Positivität in den Bereich des eigenen Geistes zu integrieren. Negative Gedanken und Zweifel werden immer wieder auftreten, doch Positivität bedeutet, diese Gedanken als vorübergehende Erscheinungen zu betrachten und ihnen nicht die Kontrolle über unser Leben zu geben. Statt sich in negativen Gedankenspiralen zu verlieren, können wir lernen, uns auf das Positive zu fokussieren und bewusst optimistische Gedanken zu wählen. Zum Beispiel können wir uns in schwierigen Momenten fragen: „Was kann ich hier lernen?" oder „Wie kann ich diese Herausforderung nutzen, um stärker zu werden?" Diese positive Geisteshaltung ist ein wertvolles Werkzeug, das uns in allen Lebensbereichen hilft, mit Resilienz und Vertrauen voranzugehen.

Positivität in alle Lebensbereiche zu integrieren, bedeutet, bewusst eine Haltung der Dankbarkeit, des Vertrauens und der Offenheit zu entwickeln. Es erfordert Engagement und Übung, doch die Auswirkungen sind tiefgreifend und bereichern jeden Aspekt unseres Lebens. Wenn wir uns täglich dazu entscheiden, das Gute zu sehen und positive Energie in unsere Gedanken und Handlungen zu bringen, schaffen wir eine starke Basis, die uns dabei unterstützt, ein erfülltes und bedeutungsvolles Leben zu führen.

Kapitel 4: Den Geist durch Herausforderungen und Rückschläge stärken

1. Scheitern als Lernchance neu betrachten

Scheitern gehört zum Leben – jeder Mensch erlebt Rückschläge und Misserfolge, ganz gleich, wie erfolgreich oder talentiert er ist. Doch während viele von uns Scheitern als Niederlage oder persönliches Versagen betrachten, kann diese Perspektive uns daran hindern, das volle Potenzial solcher Erfahrungen auszuschöpfen. Tatsächlich liegt in jedem Scheitern eine wertvolle Lernchance verborgen, die uns weiterbringt und stärker macht. Die Art und Weise, wie wir auf Misserfolge reagieren, entscheidet darüber, ob wir aus ihnen wachsen oder von ihnen entmutigt werden. Wenn wir lernen, Scheitern als Lernchance zu betrachten, eröffnet sich eine völlig neue Perspektive, die uns hilft, unser Leben mit mehr Resilienz und Zuversicht zu gestalten.

Ein erster Schritt, um Scheitern als Lernchance zu begreifen, ist die Einsicht, dass Misserfolge unvermeidlich und oft sogar notwendig sind, um sich weiterzuentwickeln. Niemand erreicht große Erfolge ohne einige Fehlschläge auf dem Weg. Denken wir nur an bekannte Persönlichkeiten wie Thomas Edison, der zahlreiche Fehlversuche machte, bevor er die Glühbirne perfektionierte, oder an berühmte Autoren, deren Manuskripte zunächst abgelehnt wurden. Diese Menschen ließen sich nicht von Rückschlägen entmutigen, sondern nutzten sie als Antrieb, weiterzumachen und zu lernen. Scheitern ist nicht das Ende, sondern oft der Beginn eines neuen, besseren Ansatzes. Wenn wir erkennen, dass Rückschläge Teil des Wachstumsprozesses sind, können wir ihnen mit mehr Akzeptanz und Offenheit begegnen.

Ein weiterer wichtiger Aspekt ist die Fähigkeit, das Scheitern zu analysieren und daraus konkrete Lektionen zu ziehen. Wenn wir einen Misserfolg erleben, kann es hilfreich sein, sich bewusst Zeit zu nehmen, um die Situation zu reflektieren. Fragen wie „Was ist schiefgelaufen?" und „Was könnte ich beim nächsten Mal anders machen?" helfen uns, das Scheitern als wertvolle Erfahrung zu betrachten. Diese Reflexion ermöglicht es uns, Fehler zu erkennen und unsere Ansätze zu verbessern. Vielleicht stellen wir fest, dass wir unvorbereitet waren, bestimmte Details übersehen haben oder unter Zeitdruck agiert haben. Durch diese Erkenntnisse gewinnen wir eine bessere Perspektive und können in Zukunft fundiertere Entscheidungen treffen. Jedes Scheitern wird so zu einem Schritt auf dem Weg zur persönlichen und beruflichen Weiterentwicklung.

Ein zentraler Bestandteil darin, Scheitern als Lernchance zu sehen, ist das Loslassen von Perfektionismus. Oft haben wir so hohe Erwartungen an uns selbst, dass jeder kleine Fehler uns entmutigt. Doch

Perfektionismus hindert uns oft daran, mutig neue Wege zu gehen, da wir aus Angst vor Fehlern zögern oder gar nicht erst handeln. Wenn wir akzeptieren, dass Fehler unvermeidlich sind und Teil des Lernprozesses, fällt es uns leichter, mit Rückschlägen umzugehen. Statt uns selbst zu verurteilen, wenn etwas nicht wie geplant läuft, können wir uns daran erinnern, dass jeder Fehler uns eine Lektion vermittelt, die uns auf lange Sicht weiterbringt. Dieses Umdenken ist befreiend und ermöglicht es uns, mehr Risiken einzugehen und selbstbewusster zu agieren.

Auch die emotionale Reaktion auf das Scheitern spielt eine entscheidende Rolle. Scheitern löst oft Gefühle wie Enttäuschung, Frustration oder sogar Scham aus. Diese Emotionen sind vollkommen normal, doch es ist wichtig, sich von ihnen nicht überwältigen zu lassen. Indem wir lernen, diese Gefühle zu akzeptieren und mit ihnen umzugehen, gewinnen wir an innerer Stärke. Anstatt uns von Enttäuschungen zurückhalten zu lassen, können wir sie als vorübergehende Reaktionen betrachten und uns auf das Positive konzentrieren, das aus der Situation entstehen kann. Resilienz bedeutet nicht, dass wir keine negativen Gefühle haben, sondern dass wir sie akzeptieren und uns trotzdem auf das Lernen und Wachsen fokussieren.

Ein weiterer wertvoller Ansatz ist das „Reframing" – das bewusste Umdeuten des Scheiterns. Wenn wir zum Beispiel einen Fehler gemacht haben, könnten wir uns statt auf die negativen Aspekte auf die Erkenntnisse konzentrieren, die wir daraus gewonnen haben. Vielleicht haben wir eine neue Fähigkeit erlernt, die uns in Zukunft helfen wird, oder wir haben eine wertvolle Einsicht gewonnen, die uns langfristig stärker macht. Dieses Umdeuten hilft uns, das Scheitern in einem positiven Licht zu sehen und das Beste aus jeder Situation zu ziehen. Jeder Misserfolg bietet uns die Chance, unseren Horizont zu erweitern und neue Wege zu finden, die wir zuvor nicht in Betracht gezogen haben.

Ein praktisches Beispiel hierfür ist der Umgang mit beruflichen Rückschlägen. Stellen Sie sich vor, Sie haben sich für eine neue Position beworben, aber die Stelle ging an jemand anderen. Statt zu denken: „Ich bin nicht gut genug," könnten Sie sich fragen: „Was kann ich daraus lernen?" Vielleicht erkennen Sie, dass Sie bestimmte Fähigkeiten weiterentwickeln sollten oder dass Sie Ihre Qualifikationen anders präsentieren können. Dieser Perspektivwechsel stärkt Ihr Selbstvertrauen und gibt Ihnen die Motivation, sich weiterzuentwickeln, anstatt den Kopf hängen zu lassen. Sie erkennen, dass jeder Rückschlag eine Gelegenheit zur Verbesserung ist und Sie letztlich näher an Ihre Ziele bringt.

Scheitern als Lernchance zu betrachten bedeutet auch, die Erfahrung mit anderen zu teilen und offen über Rückschläge zu sprechen. Oft denken wir, dass wir die einzigen sind, die scheitern oder Fehler machen, doch jeder Mensch hat mit Misserfolgen zu kämpfen. Wenn wir offen über unsere Herausforderungen sprechen, schaffen wir ein Umfeld, das Wachstum und Lernen fördert. Das Teilen unserer Erfahrungen kann auch anderen Mut machen und uns selbst daran erinnern, dass Scheitern ein gemeinsamer Teil des Lebens ist. Diese Offenheit stärkt nicht nur unsere Beziehungen, sondern hilft uns auch, das Scheitern in einem neuen Licht zu sehen und das Stigma, das damit oft verbunden ist, abzubauen.

Abschließend ist es wichtig, sich selbst für den Mut zu feiern, etwas Neues versucht zu haben – selbst wenn es nicht so gelaufen ist, wie wir es uns erhofft haben. Jeder Versuch, jeder Schritt und jeder Fehler sind ein Zeichen für unseren Mut und unseren Willen, zu wachsen. Wenn wir lernen, das Scheitern zu umarmen und als notwendigen Teil des Fortschritts zu sehen, entwickeln wir eine Einstellung, die uns langfristig erfolgreich und zufrieden macht. Scheitern ist nicht das Gegenteil von Erfolg, sondern ein Baustein auf dem Weg dorthin.

Indem wir uns immer wieder daran erinnern, dass jedes Scheitern eine Gelegenheit zur Weiterentwicklung ist, können wir mit einer neuen, gestärkten Perspektive durchs Leben gehen.

2.Techniken, um in schwierigen Zeiten ruhig zu bleiben

Schwierige Zeiten und unerwartete Herausforderungen gehören zum Leben, und oft bringen sie Gefühle von Stress, Angst oder Überforderung mit sich. Doch inmitten dieser Turbulenzen gibt es Techniken, die uns helfen können, ruhig und gelassen zu bleiben. Eine ruhige Haltung hilft uns nicht nur, klarer zu denken und bessere Entscheidungen zu treffen, sondern stärkt auch unser Vertrauen, dass wir in der Lage sind, selbst die schwierigsten Situationen zu meistern. Diese Techniken sind Werkzeuge, die jeder von uns im Alltag anwenden kann, um inneren Frieden und Stabilität zu bewahren.

Eine der wirkungsvollsten Techniken, um ruhig zu bleiben, ist die bewusste Atmung. In stressigen Momenten tendieren wir dazu, flach und unregelmäßig zu atmen, was die körperliche Anspannung verstärken kann. Eine einfache Atemübung kann jedoch Wunder wirken: Setzen Sie sich in einer ruhigen Position hin und atmen Sie tief durch die Nase ein. Zählen Sie langsam bis vier, halten Sie den Atem kurz an und atmen Sie dann langsam durch den Mund aus, während Sie bis sechs zählen. Wiederholen Sie dies mehrere Male und konzentrieren Sie sich dabei nur auf Ihren Atem. Diese Atemtechnik beruhigt das Nervensystem und sendet Signale an das Gehirn, dass keine unmittelbare Gefahr besteht. So hilft der Atem, den Körper zu entspannen und das Gedankenkarussell zu stoppen.

Ein weiteres kraftvolles Mittel, um in schwierigen Zeiten ruhig zu bleiben, ist das Praktizieren von Achtsamkeit. Achtsamkeit bedeutet, sich bewusst auf den gegenwärtigen Moment zu konzentrieren und die Gedanken, die um die Sorgen und Ängste kreisen, loszulassen. Oft verlieren wir uns in Szenarien der Zukunft oder in Gedanken an vergangene Fehler, die uns noch zusätzlich belasten. Durch Achtsamkeit können wir jedoch lernen, im Hier und Jetzt zu bleiben und unsere Aufmerksamkeit auf das zu lenken, was wir kontrollieren können. Eine einfache Übung, um Achtsamkeit zu üben, ist das „Bodyscanning": Schließen Sie die Augen und lenken Sie Ihre Aufmerksamkeit nacheinander auf die einzelnen Körperteile, beginnend bei den Füßen bis hin zum Kopf. Spüren Sie, wie sich jeder Teil des Körpers anfühlt, ohne zu bewerten oder zu verändern. Diese Übung hilft, den Geist zu beruhigen und eine Verbindung zu sich selbst herzustellen, was in stressigen Situationen eine Quelle der Ruhe sein kann.

Visualisierung ist eine weitere Technik, die dabei helfen kann, in herausfordernden Zeiten ruhig zu bleiben. Unser Geist hat eine erstaunliche Fähigkeit, sich Situationen bildlich vorzustellen, und diese Vorstellungskraft kann bewusst genutzt werden, um positive Emotionen hervorzurufen. Wenn Sie sich gestresst oder überfordert fühlen, schließen Sie die Augen und stellen Sie sich einen Ort vor, an dem Sie sich besonders wohl und sicher fühlen – sei es ein Strand, ein Wald oder ein gemütliches Zimmer. Tauchen Sie gedanklich in diese Umgebung ein und nehmen Sie alle Details wahr: das Rauschen der Wellen, den Duft der Bäume oder das warme Licht im Raum. Diese Visualisierung hilft, das Nervensystem zu beruhigen und fördert ein Gefühl von Geborgenheit und Frieden, das Sie in stressigen Momenten unterstützt.

Eine weitere hilfreiche Methode, um ruhig zu bleiben, ist das Reframing, also das bewusste Umdeuten der Situation. In schwierigen Zeiten neigen wir oft dazu, das Schlimmste anzunehmen oder uns auf das Negative zu fokussieren. Reframing bedeutet, die Situation aus einer anderen Perspektive zu betrachten und neue, konstruktivere Bedeutungen zu finden. Statt zu denken: „Diese Situation ist eine Katastrophe, ich schaffe das nicht," könnten Sie sich fragen: „Was kann ich aus dieser Situation lernen?" oder „Wie kann ich daran wachsen?" Indem Sie die Herausforderung als Chance für persönliches Wachstum sehen, gewinnen Sie eine konstruktivere Haltung, die es Ihnen ermöglicht, die Ruhe zu bewahren und einen klaren Kopf zu behalten.

Eine weitere Technik ist das Setzen von kleinen, erreichbaren Zielen. Große Herausforderungen können uns oft überwältigen und das Gefühl hervorrufen, dass wir keine Kontrolle mehr haben. Durch das Aufteilen der Aufgabe in kleine, machbare Schritte gewinnen wir jedoch wieder ein Gefühl von Kontrolle und können besser mit der Situation umgehen. Schreiben Sie sich eine Liste mit kleinen Schritten, die Sie nacheinander angehen können. Jeder abgeschlossene Schritt gibt Ihnen ein Gefühl der Erleichterung und des Fortschritts und hilft Ihnen, ruhig zu bleiben, da Sie sich nicht von der Gesamtsituation überwältigen lassen. Diese Methode strukturiert den Weg und erleichtert es, die Ruhe zu bewahren.

Ein weiterer wertvoller Ansatz ist das positive Selbstgespräch. In schwierigen Zeiten neigen wir oft dazu, uns selbst zu kritisieren oder negative Gedanken zu hegen, die den Stress zusätzlich verstärken. Lernen Sie, mit sich selbst freundlich und ermutigend zu sprechen. Wenn Sie merken, dass Sie sich selbst entmutigen, halten Sie inne und sagen Sie sich etwas Positives wie: „Ich habe schon viele Herausforderungen gemeistert, ich schaffe das auch." oder „Ich gebe mein Bestes, und das ist genug." Dieses bewusste, positive Selbstgespräch stärkt das Vertrauen in die eigenen Fähigkeiten und fördert eine ruhige, optimistische Grundhaltung, selbst in schwierigen Momenten.

Auch Bewegung ist eine wichtige Technik, um Ruhe zu bewahren. Körperliche Aktivität setzt Endorphine frei, die natürlichen Stimmungsaufheller, die das Stressniveau senken und die innere Anspannung lösen können. Ein Spaziergang an der frischen Luft, ein paar Dehnübungen oder eine kurze Yoga-Session können Wunder wirken, um den Kopf frei zu bekommen und die innere Ruhe zurückzugewinnen. Bewegung hilft, den Stress abzubauen, und gibt dem Geist die Möglichkeit, sich neu zu ordnen, sodass Sie mit mehr Gelassenheit und Klarheit weitermachen können.

Schließlich ist es hilfreich, sich ein starkes soziales Netzwerk aufzubauen und in schwierigen Zeiten Unterstützung zu suchen. Reden Sie mit einem Freund, einem Familienmitglied oder einem Kollegen über Ihre Sorgen und Ängste. Manchmal reicht es schon, die Gedanken laut auszusprechen, um eine andere Perspektive zu gewinnen und eine Lösung zu finden. Zudem kann das Gefühl, nicht allein zu sein, eine immense Quelle der Ruhe und Stärke sein. Ein unterstützendes Gespräch kann Ihnen die Last von den Schultern nehmen und Sie daran erinnern, dass Sie nicht alles allein bewältigen müssen.

In schwierigen Zeiten ruhig zu bleiben, ist keine einfache Aufgabe, doch mit diesen Techniken können Sie eine innere Stärke und Gelassenheit entwickeln, die Ihnen hilft, jede Herausforderung zu meistern. Die Fähigkeit, auch in schwierigen Situationen ruhig zu bleiben, ist ein Zeichen von Resilienz und Selbstvertrauen, und jede kleine Übung bringt Sie einen Schritt näher zu einem Zustand der inneren Ruhe und Balance.

3.Aus Fehlern lernen und vorwärts gehen

Fehler gehören zum Leben, doch oft fällt es uns schwer, sie anzunehmen und daraus zu lernen. Wir neigen dazu, uns für Fehler zu verurteilen, sie als persönliches Versagen zu sehen oder uns gar von ihnen lähmen zu lassen. Doch in Wahrheit sind Fehler unverzichtbare Bausteine auf dem Weg zur Weiterentwicklung und zum Erfolg. Wenn wir lernen, Fehler als wertvolle Erfahrungen zu betrachten, können sie uns stärken und uns helfen, mit mehr Weisheit und Klarheit vorwärts zu gehen. Diese Perspektive auf Fehler ist entscheidend, um aus Rückschlägen zu lernen und ein resilienteres, selbstbewussteres Leben zu führen.

Der erste Schritt, um aus Fehlern zu lernen, ist, die emotionale Reaktion auf Fehler zu akzeptieren und anzuerkennen. Es ist normal, sich enttäuscht, frustriert oder beschämt zu fühlen, wenn etwas nicht wie geplant verläuft. Diese Emotionen zu unterdrücken, kann dazu führen, dass wir die Situation nicht vollständig verarbeiten und uns immer wieder mit dem Fehler beschäftigen. Stattdessen sollten wir uns erlauben, diese Gefühle zu spüren und sie als natürlichen Teil des Lernprozesses anzunehmen. Indem wir die Emotionen bewusst wahrnehmen, können wir uns von der negativen Energie befreien und uns auf das konzentrieren, was wir aus der Situation lernen können.

Ein weiterer wichtiger Aspekt ist die Analyse des Fehlers. Häufig neigen wir dazu, einen Fehler zu verallgemeinern und zu glauben, dass er unsere gesamte Person definiert. Doch jeder Fehler ist spezifisch und bietet eine Möglichkeit, genauer hinzuschauen und zu verstehen, was schiefgelaufen ist. Stellen Sie sich Fragen wie: „Was genau ist passiert?" oder „Was hat zu diesem Ergebnis geführt?" Durch eine detaillierte Analyse können Sie die Ursachen des Fehlers erkennen und wertvolle Einsichten gewinnen. Vielleicht stellen Sie fest, dass Ihnen bestimmte Informationen fehlten, Sie unter Zeitdruck standen oder eine Entscheidung vorschnell getroffen haben. Diese Erkenntnisse sind wertvolle Bausteine, die Ihnen helfen, in Zukunft anders zu handeln und ähnliche Fehler zu vermeiden.

Eine der größten Lektionen, die wir aus Fehlern lernen können, ist die Bedeutung der Flexibilität und Anpassungsfähigkeit. Fehler erinnern uns daran, dass wir nicht alles kontrollieren können und dass das Leben oft unvorhersehbar ist. Wenn wir jedoch bereit sind, aus unseren Erfahrungen zu lernen und uns anzupassen, können wir flexibel auf neue Herausforderungen reagieren. Ein Fehler, der uns vielleicht zunächst entmutigt, kann uns letztlich dazu bringen, kreativere oder effektivere Lösungen zu finden. Die Fähigkeit, flexibel zu bleiben und uns auf Veränderungen einzulassen, macht uns widerstandsfähiger und öffnet Türen zu neuen Möglichkeiten, die wir sonst vielleicht nicht entdeckt hätten.

Aus Fehlern zu lernen bedeutet auch, sich selbst mit Mitgefühl zu begegnen. Oft sind wir unsere schärfsten Kritiker und verurteilen uns selbst für unsere Fehler, was unser Selbstwertgefühl beeinträchtigen kann. Doch Selbstkritik führt selten zu Wachstum; stattdessen hält sie uns oft in negativen Gedankenspiralen fest. Wenn wir lernen, uns selbst mitfühlend zu betrachten und uns in Momenten des Scheiterns genauso zu unterstützen, wie wir es bei einem guten Freund tun würden, gewinnen wir eine gesündere und produktivere Perspektive. Erlauben Sie sich, Fehler als natürlichen Teil des Lebens zu sehen und erinnern Sie sich daran, dass jeder Mensch Fehler macht. Diese Einstellung hilft Ihnen, die Fehler anzunehmen und gestärkt daraus hervorzugehen.

Ein wertvoller Schritt im Lernprozess ist das Entwickeln eines konkreten Plans, wie Sie den Fehler in Zukunft vermeiden können.

Anstatt sich nur zu wünschen, dass der Fehler nicht wieder passiert, können Sie proaktiv Maßnahmen ergreifen, um besser vorbereitet zu sein. Wenn Sie zum Beispiel feststellen, dass Zeitmanagement ein Problem war, könnten Sie Strategien entwickeln, um Ihre Zeit effizienter zu nutzen. Oder wenn eine Entscheidung aufgrund mangelnder Information fehlschlug, könnten Sie sich in Zukunft mehr Zeit für die Recherche nehmen. Diese konkrete Vorbereitung stärkt Ihr Selbstvertrauen und gibt Ihnen das Gefühl, aktiv an Ihrem Fortschritt zu arbeiten, anstatt sich von früheren Fehlern zurückhalten zu lassen.

Auch das Einholen von Feedback kann eine wertvolle Unterstützung sein, wenn es darum geht, aus Fehlern zu lernen. Oftmals haben wir eine eingeschränkte Perspektive auf unseren Fehler, und eine Außenperspektive kann uns helfen, blinde Flecken zu erkennen. Bitten Sie vertrauenswürdige Freunde, Kollegen oder Mentoren um ihre Einschätzung und Ratschläge. Ein konstruktives Feedback kann Ihnen neue Einsichten geben und Sie auf Verbesserungspotenziale hinweisen, die Sie möglicherweise nicht allein gesehen hätten. Diese Offenheit für Feedback zeigt nicht nur Bereitschaft zur Weiterentwicklung, sondern stärkt auch Ihre Fähigkeit, sich selbst und Ihre Leistungen realistisch und objektiv zu betrachten.

Ein wichtiger Teil des Lernens aus Fehlern ist es, sich auf das Positive zu konzentrieren, das aus der Erfahrung gewonnen werden kann. Anstatt sich auf das zu fokussieren, was schiefgelaufen ist, können Sie sich fragen: „Was habe ich aus dieser Situation gewonnen?" oder „Welche Fähigkeiten habe ich durch diesen Fehler entwickelt?" Vielleicht haben Sie Geduld, Ausdauer oder Problemlösungsfähigkeiten entwickelt, die Ihnen in zukünftigen Situationen zugutekommen werden. Diese positive Perspektive hilft, den Fehler als wertvolle Erfahrung zu sehen, die Ihnen langfristig dabei hilft, zu wachsen und sich weiterzuentwickeln.

Das Loslassen des Fehlers ist ein weiterer wichtiger Schritt, um vorwärtszugehen. Fehler gehören der Vergangenheit an, und es ist wichtig, sich nicht ständig daran zu erinnern und sich durch die negativen Gedanken zurückhalten zu lassen. Nach der Analyse und dem Lernen ist es Zeit, den Fehler loszulassen und sich auf neue Ziele und Herausforderungen zu konzentrieren. Das bewusste Loslassen erlaubt es uns, frei von Schuld und Bedauern in die Zukunft zu blicken und mit neuen, positiven Gedanken und einer gestärkten Einstellung weiterzumachen.

Schließlich ist es wichtig, die eigene Resilienz zu würdigen, die durch das Lernen aus Fehlern entsteht. Jeder Fehler, den wir durchstehen und aus dem wir lernen, stärkt unsere innere Widerstandskraft. Er macht uns zuversichtlicher, dass wir in der Lage sind, auch zukünftige Herausforderungen zu meistern. Diese Resilienz ist ein wertvolles Gut, das uns begleitet und uns daran erinnert, dass Fehler keine Hindernisse sind, sondern Gelegenheiten zur Weiterentwicklung. Wenn wir uns selbst für unsere Stärke und unseren Mut, Fehler zu akzeptieren und daraus zu lernen, anerkennen, gewinnen wir die Motivation und das Selbstvertrauen, weiterhin aktiv und mutig unseren Weg zu gehen.

Das Lernen aus Fehlern ist ein kontinuierlicher Prozess, der uns Schritt für Schritt dabei hilft, ein erfüllteres und erfolgreicheres Leben zu führen. Jeder Fehler bringt uns der besten Version unserer selbst ein Stück näher und zeigt uns, dass das Leben voller wertvoller Lektionen ist. Indem wir Fehler als Chancen zur Weiterentwicklung sehen, schaffen wir eine positive Grundlage, die uns erlaubt, mit mehr Weisheit und innerer Stärke voranzuschreiten.

4.Die Rolle der Resilienz im positiven Denken

Resilienz, oft als innere Stärke oder Widerstandskraft bezeichnet, spielt eine zentrale Rolle im positiven Denken. Resilienz ist die Fähigkeit, sich von Rückschlägen zu erholen und selbst in schwierigen Zeiten die Zuversicht zu bewahren. Sie ist das Fundament, auf dem positives Denken in herausfordernden Momenten ruht. Ohne Resilienz kann positives Denken oberflächlich oder instabil wirken – wie eine Fassade, die bröckelt, sobald eine Herausforderung auftritt. Doch mit einer starken Resilienz wird positives Denken zur stabilen Grundlage, die uns hilft, auch in Krisen einen klaren Kopf und eine positive Perspektive zu bewahren.

Ein wesentlicher Bestandteil der Resilienz ist die Akzeptanz. Viele Menschen glauben, dass positives Denken bedeutet, Schwierigkeiten zu ignorieren oder sie schönzureden. Doch wahres positives Denken erfordert die Fähigkeit, die Realität anzuerkennen und sich den Herausforderungen zu stellen. Resilienz bedeutet, dass wir bereit sind, schwierige Situationen zu akzeptieren und zu sagen: „Ja, das ist schwer, aber ich kann es schaffen." Diese Akzeptanz hilft uns, die Energie nicht in Widerstand oder Verdrängung zu investieren, sondern sie konstruktiv zu nutzen, um die Situation zu bewältigen. Durch diese Haltung können wir mit Zuversicht nach vorne blicken, anstatt uns von den Schwierigkeiten überwältigen zu lassen.

Ein weiterer wichtiger Aspekt der Resilienz ist die Fähigkeit, einen Sinn in Herausforderungen zu finden. Resiliente Menschen betrachten Krisen oft als Möglichkeiten, etwas über sich selbst zu lernen oder als Chancen für persönliches Wachstum. Diese Sinngebung hilft uns, Rückschläge nicht als endlose Hindernisse zu sehen, sondern als wertvolle Erfahrungen, die uns stärker machen. Wenn wir in schwierigen Momenten die Frage stellen: „Was kann ich aus dieser Situation lernen?" oder „Wie kann mich diese Erfahrung weiterbringen?", entwickeln wir eine positive Haltung, die uns hilft, selbst in den dunkelsten Zeiten einen Funken Hoffnung zu bewahren. Diese Perspektive stärkt das positive Denken, da wir erkennen, dass jeder Rückschlag auch eine Lektion und eine Gelegenheit zur Weiterentwicklung sein kann.

Resilienz bedeutet auch, die Kontrolle über das eigene Denken und Handeln zu behalten. In herausfordernden Situationen fühlen wir uns oft hilflos und glauben, dass wir keinen Einfluss auf das Ergebnis haben. Doch resiliente Menschen wissen, dass sie immer Kontrolle über ihre eigene Reaktion haben. Statt sich als Opfer der Umstände zu fühlen, entscheiden sie bewusst, wie sie mit der Situation umgehen möchten. Diese Selbstverantwortung gibt uns das Gefühl von Kontrolle und stärkt das Vertrauen in die eigenen Fähigkeiten. Positives Denken basiert auf dem Wissen, dass wir selbst in schweren Zeiten die Macht haben, konstruktiv zu handeln und positive Veränderungen herbeizuführen.

Ein weiterer wichtiger Bestandteil der Resilienz ist die Fähigkeit zur emotionalen Selbstregulation. In schwierigen Zeiten erleben wir oft intensive Emotionen wie Angst, Wut oder Enttäuschung, die uns von positiven Gedanken ablenken können. Resiliente Menschen haben gelernt, ihre Emotionen zu erkennen und zu regulieren, anstatt sich von ihnen überwältigen zu lassen. Das bedeutet nicht, dass sie ihre Gefühle unterdrücken, sondern dass sie Wege finden, diese Emotionen zu verarbeiten und dabei ruhig zu bleiben. Dies kann durch Atemübungen, Meditation oder Gespräche mit Freunden geschehen. Die Fähigkeit, die eigenen Emotionen zu steuern, hilft uns, selbst in herausfordernden Momenten einen klaren Kopf zu bewahren und uns auf positive Lösungen zu konzentrieren.

Auch das Vertrauen in die eigene Fähigkeit zur Anpassung ist ein wesentlicher Teil der Resilienz. Resiliente Menschen wissen, dass das Leben oft unvorhersehbar ist und dass Veränderungen unvermeidlich sind. Doch anstatt sich von diesen Veränderungen verunsichern zu lassen, vertrauen sie darauf, dass sie die Flexibilität besitzen, sich neuen Umständen anzupassen. Dieses Vertrauen stärkt das positive Denken, da es uns erlaubt, flexibel auf Herausforderungen zu reagieren und neue Wege zu finden, die wir vielleicht vorher nicht in Betracht gezogen hätten. Die Fähigkeit zur Anpassung gibt uns die Freiheit, uns weiterzuentwickeln und auch in schwierigen Zeiten das Beste aus jeder Situation herauszuholen.

Ein weiteres Element der Resilienz ist das soziale Netzwerk. Resiliente Menschen wissen, dass sie nicht alles allein bewältigen müssen und dass Unterstützung eine wichtige Rolle in Krisenzeiten spielt. Sie haben oft ein starkes Netzwerk aus Freunden, Familie oder Kollegen, auf das sie zurückgreifen können. Diese sozialen Verbindungen geben uns Halt und ermöglichen es uns, selbst in schwierigen Momenten Positivität zu bewahren. Ein unterstützendes Umfeld erinnert uns daran, dass wir nicht allein sind und dass wir auf Hilfe zählen können. Die Stärke, die wir durch positive Beziehungen gewinnen, trägt wesentlich dazu bei, Resilienz und positives Denken aufrechtzuerhalten.

Schließlich bedeutet Resilienz auch, die Perspektive zu wechseln. Resiliente Menschen verstehen, dass sie die Wahl haben, wie sie auf Situationen reagieren. Sie können sich auf das Problem konzentrieren oder sich entscheiden, das Positive darin zu sehen. Ein Beispiel wäre eine Situation, in der ein Projekt scheitert. Statt sich über den Misserfolg zu ärgern, könnten sie überlegen: „Was kann ich nächstes Mal anders machen?" oder „Gibt es vielleicht einen neuen Ansatz, den ich ausprobieren kann?" Diese Fähigkeit, das Positive in einer Situation zu finden, hilft uns, die Resilienz zu stärken und eine optimistische Denkweise zu bewahren. Diese Perspektive lässt uns selbst in schwierigen Zeiten nach vorne schauen und den Glauben an eine positive Zukunft bewahren.

Zusammengefasst ist Resilienz das Rückgrat des positiven Denkens. Sie gibt uns die innere Stärke, Herausforderungen mit einer Haltung der Zuversicht und des Vertrauens zu begegnen. Resilienz zeigt uns, dass wir selbst in schwierigen Momenten die Kraft haben, positiv zu denken und unseren eigenen Weg zu finden. Indem wir diese Resilienz bewusst entwickeln und pflegen, schaffen wir die Basis für ein Leben voller Positivität, auch wenn das Leben uns vor Herausforderungen stellt.

Kapitel 5: Die Wissenschaft der positiven Visualisierung

1. Visualisierung verstehen und ihre Wirkung auf den Geist

Die Vorstellungskraft des menschlichen Geistes ist kraftvoller, als wir oft glauben. Unsere Gedanken und inneren Bilder haben eine erstaunliche Fähigkeit, unsere Emotionen, unser Verhalten und letztlich auch unsere Realität zu beeinflussen. Diese Technik, die wir als Visualisierung kennen, ist mehr als nur ein gedankliches Spiel – sie hat tiefgreifende Wirkungen auf den Geist und kann uns dabei helfen, Ziele zu erreichen, unser Selbstvertrauen zu stärken und Herausforderungen mit einem klaren, positiven Fokus zu begegnen. Doch was genau ist Visualisierung, und warum funktioniert sie so wirkungsvoll?

Visualisierung ist die bewusste Vorstellung eines gewünschten Ergebnisses oder einer bestimmten Situation, als würde man einen Film im Kopf abspielen. Stellen Sie sich vor, wie Sie vor einer wichtigen Prüfung sitzen, ruhig und selbstbewusst jede Frage beantworten. Oder denken Sie an das Gefühl, das Sie haben, wenn Sie ein persönliches Ziel erreicht haben und die Freude und das Selbstvertrauen, die damit verbunden sind. Diese gedanklichen Bilder helfen uns nicht nur, uns mental auf zukünftige Situationen vorzubereiten, sondern sie senden auch starke Signale an das Gehirn, das auf die inneren Bilder reagiert, als wären sie real.

Die Wissenschaft hat herausgefunden, dass Visualisierung das Gehirn auf ähnliche Weise beeinflusst wie echte Erfahrungen. Neurowissenschaftliche Studien zeigen, dass beim Visualisieren dieselben Gehirnregionen aktiv sind wie bei tatsächlichen physischen Aktivitäten. Wenn wir uns zum Beispiel lebhaft vorstellen, wie wir laufen, werden die motorischen Bereiche des Gehirns aktiviert, als würden wir tatsächlich laufen. Dies führt dazu, dass unser Gehirn neue neuronale Verbindungen bildet und die entsprechenden Fähigkeiten stärkt, selbst wenn wir sie nur in Gedanken ausführen. Diese neuroplastischen Effekte der Visualisierung ermöglichen es uns, uns auf reale Situationen vorzubereiten und mental zu trainieren, selbst wenn wir physisch nicht aktiv sind.

Visualisierung beeinflusst auch unsere Emotionen und unsere Motivation. Indem wir uns in eine gewünschte Situation versetzen und die positiven Gefühle, die damit verbunden sind, bewusst erleben, erzeugen wir ein Gefühl von Freude, Zuversicht und Optimismus. Diese positiven Emotionen können uns dabei helfen, motivierter und engagierter auf unsere Ziele hinzuarbeiten. Wenn Sie sich beispielsweise vorstellen, wie es sich anfühlen wird, einen lang ersehnten Erfolg zu erreichen, erzeugen Sie eine Vorfreude, die Ihnen im Alltag die nötige Energie gibt, um dranzubleiben und Herausforderungen zu meistern.

Visualisierung hilft uns, die emotionale Bindung zu unseren Zielen zu stärken und dadurch den inneren Antrieb zu fördern, sie zu erreichen.

Ein weiteres faszinierendes Element der Visualisierung ist die Möglichkeit, Ängste zu überwinden und unser Selbstvertrauen zu stärken. Viele Menschen erleben Nervosität oder Selbstzweifel vor schwierigen Aufgaben oder wichtigen Ereignissen. Indem wir diese Situationen jedoch in unserem Geist visualisieren und uns dabei ruhig und erfolgreich sehen, können wir die innere Anspannung reduzieren. Stellen Sie sich vor, wie Sie eine Präsentation halten: Sie sehen sich selbst souverän und entspannt vor Ihrem Publikum stehen, Ihre Worte fließen klar und selbstsicher. Dieses innere Bild stärkt das Selbstvertrauen und mindert die Angst, da unser Gehirn diese positive Erfahrung als „Realität" speichert. Die nächste reale Präsentation wird dadurch weniger bedrohlich erscheinen, weil Sie sich bereits mental darauf vorbereitet haben.

Visualisierung ist auch ein wirkungsvolles Werkzeug, um komplexe Ziele in greifbare Schritte zu unterteilen. Oft erscheinen große Ziele überwältigend und schwer erreichbar, doch durch Visualisierung können wir sie in überschaubare Etappen gliedern. Stellen Sie sich vor, wie Sie jeden Schritt zum Ziel durchlaufen – von der ersten Planungsphase über die konkreten Umsetzungen bis hin zur erfolgreichen Realisierung. Indem wir uns den Weg zum Ziel vor Augen führen, gewinnen wir Klarheit über die erforderlichen Schritte und steigern unsere Bereitschaft, diese konsequent zu verfolgen. Diese Methode hilft uns, den Weg als machbar und motivierend wahrzunehmen, statt von der Größe des Ziels eingeschüchtert zu sein.

Ein weiteres Beispiel für die Kraft der Visualisierung findet sich im Sport. Profisportler nutzen Visualisierungstechniken, um ihre Leistung zu verbessern und sich auf Wettkämpfe vorzubereiten. Ein Sprinter stellt sich oft vor, wie er mit perfekter Technik und voller Energie läuft, jeden Muskel und jeden Schritt spürend. Diese Visualisierung hilft, Bewegungsabläufe zu verfeinern und das Vertrauen in die eigene Leistung zu stärken. Indem der Geist die gewünschte Performance wiederholt durchläuft, wird der Körper quasi darauf programmiert, diese Bewegungen im echten Wettkampf präzise auszuführen. Diese Technik ist so wirksam, dass viele Spitzensportler ihre Trainingsroutinen regelmäßig mit intensiven Visualisierungsübungen kombinieren.

Visualisierung kann uns auch dabei helfen, unsere innere Haltung und Denkweise zu verändern. Wenn wir uns in bestimmten Situationen immer wieder ängstlich oder unsicher fühlen, können wir durch Visualisierung neue Verhaltensmuster einüben und eine positive Denkweise entwickeln. Stellen Sie sich vor, wie Sie in einer herausfordernden Situation ruhig und entschlossen bleiben und sich selbstsicher und zielgerichtet verhalten. Dieses innere Bild hilft Ihnen, Ihre eigene Einstellung zu transformieren und in der realen Welt entsprechend zu handeln. Das Gehirn lernt durch Wiederholung, und je öfter wir diese positiven Bilder visualisieren, desto stärker verankern sich die neuen, unterstützenden Denkmuster in unserem Geist.

Die Technik der Visualisierung lässt sich einfach in den Alltag integrieren. Sie können morgens oder abends ein paar Minuten für eine kurze Visualisierungsübung einplanen, in der Sie sich auf ein Ziel oder eine bevorstehende Herausforderung konzentrieren. Nehmen Sie sich Zeit, die Situation klar und detailliert vor Ihrem inneren Auge zu sehen. Spüren Sie die Emotionen, die mit dem Erfolg verbunden sind, und stellen Sie sich vor, wie Sie die Aufgabe mit Leichtigkeit und Freude bewältigen. Diese regelmäßige Übung stärkt nicht nur Ihr Selbstvertrauen, sondern hilft Ihnen auch, Ihre Ziele fokussierter und mit einer positiven Einstellung anzugehen.

Abschließend lässt sich sagen, dass Visualisierung eine mächtige Technik ist, die unseren Geist und unsere Einstellung nachhaltig beeinflusst. Sie gibt uns die Möglichkeit, unsere eigene Realität aktiv mitzugestalten, indem wir uns auf das Positive konzentrieren und mental auf Erfolg und Wachstum vorbereiten. Wenn wir verstehen, dass unsere Gedanken und inneren Bilder eine unmittelbare Wirkung auf unser Verhalten und unsere Emotionen haben, erkennen wir das enorme Potenzial der Visualisierung, unsere Lebensqualität zu verbessern. Indem wir uns regelmäßig positive Ziele und Erlebnisse vorstellen, fördern wir eine konstruktive und optimistische Denkweise, die uns durch alle Herausforderungen des Lebens trägt.

2. Techniken für eine klare Zielvisualisierung

Die Visualisierung eines Ziels ist ein kraftvolles Werkzeug, das uns dabei unterstützt, unsere Ziele nicht nur vor Augen zu haben, sondern sie auch als realistisch und erreichbar wahrzunehmen. Indem wir uns ein Ziel klar und detailliert vorstellen, geben wir unserem Geist eine Richtung und stärken die Motivation, die notwendigen Schritte zu unternehmen. Doch eine erfolgreiche Zielvisualisierung erfordert mehr als nur das bloße Vorstellen des Endziels – es geht darum, die Visualisierung in einer Weise zu gestalten, die so lebendig und konkret ist, dass sie wie eine reale Erfahrung wirkt. Hier sind einige Techniken, die Ihnen helfen, Ihre Ziele klar und effektiv zu visualisieren.

Eine erste Technik für eine klare Zielvisualisierung ist das Erschaffen eines detaillierten inneren Bildes. Stellen Sie sich vor, Sie haben Ihr Ziel bereits erreicht – wie sieht dieser Moment aus? Wenn Ihr Ziel zum Beispiel darin besteht, eine berufliche Position zu erreichen, stellen Sie sich vor, wie Sie in Ihrem neuen Büro sitzen, mit einem Gefühl des Erfolgs und der Zufriedenheit. Sehen Sie die Details klar vor sich: die Umgebung, die Geräusche und sogar den Ausdruck auf Ihrem Gesicht. Je lebendiger und klarer das Bild ist, desto stärker ist der Eindruck auf Ihr Unterbewusstsein. Diese lebendige Vorstellungskraft bringt das Ziel von einem abstrakten Gedanken zu einer konkreten Vision, die greifbar und real wirkt.

Eine weitere effektive Technik ist das Einbeziehen der Sinne. Während Sie Ihr Ziel visualisieren, versuchen Sie, so viele Sinne wie möglich einzusetzen, um die Visualisierung intensiver und realer zu machen. Stellen Sie sich vor, wie sich die Umgebung anfühlt – vielleicht die Textur eines Dokuments in Ihren Händen, den Geruch eines Raums oder die Geräusche um Sie herum. Wenn Ihr Ziel darin besteht, ein sportliches Ereignis zu meistern, können Sie sich vorstellen, wie sich der Boden unter Ihren Füßen anfühlt, wie Sie das Jubeln der Zuschauer hören und wie Sie den Stolz und die Erleichterung nach dem erfolgreichen Wettkampf spüren. Diese multisensorische Visualisierung verstärkt die emotionale Bindung zum Ziel und fördert das Engagement, die notwendigen Schritte zur Zielerreichung zu unternehmen.

Eine weitere hilfreiche Technik ist das Einfühlen in die Emotionen, die mit dem Erreichen des Ziels verbunden sind. Fragen Sie sich: „Wie werde ich mich fühlen, wenn ich dieses Ziel erreicht habe?" Spüren Sie die Freude, das Selbstvertrauen, die Erleichterung oder den Stolz, die mit diesem Moment verbunden sind. Wenn Sie das Gefühl von Erfolg und Erfüllung in Ihrer Visualisierung erleben, steigern Sie die Motivation und stärken den inneren Antrieb, das Ziel auch tatsächlich zu erreichen. Die Emotionen sind dabei das „Geheimnis" der Zielvisualisierung – sie verbinden das Ziel auf eine tiefere Weise mit Ihrem Inneren und machen den Weg zum Ziel erfüllender und kraftvoller.

Das Aufteilen des Ziels in kleinere Schritte ist eine weitere Technik, die bei der Visualisierung hilfreich ist. Ein großes Ziel kann überwältigend wirken, wenn wir nur das Endergebnis vor Augen haben. Wenn Sie das Ziel jedoch in kleinere, konkrete Schritte unterteilen und jeden Schritt visualisieren, wird der Weg realistischer und machbarer. Stellen Sie sich zum Beispiel vor, dass Sie ein Buch schreiben möchten. Statt nur an das fertige Buch zu denken, stellen Sie sich vor, wie Sie die Kapitel strukturieren, die erste Seite schreiben und sich allmählich dem Abschluss nähern. Durch das Visualisieren jedes kleinen Schritts gewinnen Sie Klarheit und Zuversicht und fühlen sich nicht überwältigt von der Größe des Ziels. Diese Visualisierung schrittweiser Erfolge hilft Ihnen, fokussiert und motiviert zu bleiben.

Die Methode des „mentalen Rollenspiels" ist eine weitere wirkungsvolle Technik für die Zielvisualisierung. Hierbei versetzen Sie sich in die Rolle Ihres zukünftigen Selbst, das das Ziel bereits erreicht hat. Stellen Sie sich vor, wie Sie sich verhalten, welche Entscheidungen Sie treffen und welche Denkweise Sie haben, nachdem Sie das Ziel erreicht haben. Wie würden Sie sprechen, wie würden Sie mit Herausforderungen umgehen? Diese Übung gibt Ihnen ein Gefühl dafür, wie das Ziel Ihre Identität und Ihr Verhalten beeinflusst und stärkt das Vertrauen, dass Sie auf dem richtigen Weg sind. Dieses mentale Rollenspiel gibt Ihnen außerdem die Möglichkeit, mögliche Hindernisse zu antizipieren und zu überlegen, wie Ihr zukünftiges Selbst mit diesen umgehen würde.

Auch das „Visualisieren von Lösungen" ist eine kraftvolle Technik. Während Sie sich Ihr Ziel vorstellen, können Sie sich auch mögliche Herausforderungen und die entsprechenden Lösungen visualisieren. Sehen Sie sich dabei, wie Sie ruhig und gelassen auf Hindernisse reagieren und kreative Wege finden, diese zu überwinden. Diese Technik hilft Ihnen, sich auf eventuelle Schwierigkeiten vorzubereiten und stärkt Ihre Fähigkeit, flexibel und lösungsorientiert zu denken. Wenn Sie im Voraus visualisieren, wie Sie Herausforderungen erfolgreich meistern, erhöhen Sie die Resilienz und das Vertrauen, dass Sie trotz Hürden Ihr Ziel erreichen werden.

Eine weitere wertvolle Technik ist das Festhalten Ihrer Visualisierung durch schriftliche Aufzeichnungen. Schreiben Sie Ihre Zielvision detailliert auf und beschreiben Sie den Moment, in dem Sie das Ziel erreicht haben, so anschaulich wie möglich. Das Schreiben hilft, die Visualisierung im Geist zu verankern und schafft eine Art „Vertrag" mit sich selbst. Sie könnten diese Vision auch als tägliche Erinnerung lesen und so die Bindung zum Ziel aufrechterhalten. Ein Vision Board – eine Collage aus Bildern und Wörtern, die das Ziel repräsentieren – ist ebenfalls eine visuelle Möglichkeit, die Visualisierung greifbarer zu machen und im Alltag sichtbar zu halten.

Schließlich ist es hilfreich, sich regelmäßig Zeit für die Visualisierung zu nehmen und sie als Teil des Tagesablaufs zu integrieren. Durch tägliche oder wöchentliche Visualisierungsübungen stärken Sie die Klarheit des Ziels und festigen die Verbindung zu Ihrem inneren Antrieb. Nehmen Sie sich einen ruhigen Moment am Morgen oder Abend, um sich in die Vision Ihres Ziels hineinzuversetzen, die Emotionen zu spüren und die notwendigen Schritte innerlich zu durchlaufen. Diese regelmäßige Praxis hält das Ziel lebendig in Ihrem Geist und unterstützt die dauerhafte Fokussierung und Motivation.

Abschließend lässt sich sagen, dass eine klare Zielvisualisierung weit über das bloße Vorstellen hinausgeht – sie ist ein kraftvolles Mittel, um das Ziel real und erreichbar erscheinen zu lassen. Indem wir das Ziel mit all unseren Sinnen, unseren Emotionen und konkreten Schritten visualisieren, schaffen wir eine starke mentale Grundlage, die uns hilft, fokussiert, motiviert und voller Zuversicht auf das Ziel hin zu arbeiten. Diese Techniken geben uns die Möglichkeit, unsere Vision in die Realität zu bringen und uns auf dem Weg zum Erfolg begleitet und gestärkt zu fühlen.

3.Visualisierungsübungen, um Erfolg anzuziehen

Erfolg beginnt im Kopf. Bevor wir ihn im Außen erreichen, müssen wir ihn innerlich erleben und ihn als möglich und greifbar sehen. Visualisierungsübungen können uns dabei helfen, diese innere Haltung zu entwickeln, die uns auf Erfolg ausrichtet und uns positive Energie gibt, um unsere Ziele zu verfolgen. Durch das gezielte Visualisieren schaffen wir eine Verbindung zu unseren Wünschen und bereiten unser Bewusstsein darauf vor, Gelegenheiten zu erkennen und Entscheidungen zu treffen, die uns dem Erfolg näherbringen. Hier sind einige wirkungsvolle Visualisierungsübungen, die Ihnen helfen können, Erfolg in Ihr Leben zu ziehen.

Eine der einfachsten und zugleich kraftvollsten Übungen ist das tägliche „Erfolgsszenario". Nehmen Sie sich jeden Morgen ein paar Minuten Zeit, um sich den Erfolg Ihres Ziels vorzustellen, als hätten Sie ihn bereits erreicht. Schließen Sie die Augen und stellen Sie sich vor, wie Sie diesen Moment erleben. Was sehen Sie? Wer ist bei Ihnen? Wie fühlen Sie sich? Tauchen Sie vollständig in diese Vorstellung ein und lassen Sie die positiven Emotionen – Freude, Stolz, Dankbarkeit – in sich aufsteigen. Diese Übung am Morgen hilft, den Tag mit einer klaren Ausrichtung und einer positiven Stimmung zu beginnen und zieht das Bild des Erfolgs tief in Ihr Bewusstsein.

Eine weitere kraftvolle Übung ist die „Schritt-für-Schritt-Visualisierung". Oft erscheint Erfolg wie ein großes, weit entferntes Ziel. Um es näher zu bringen, visualisieren Sie den Weg dorthin in kleinen, machbaren Schritten. Wenn Ihr Ziel zum Beispiel darin besteht, eine bestimmte berufliche Position zu erreichen, stellen Sie sich zuerst vor, wie Sie die notwendigen Qualifikationen erwerben, dann die Bewerbungsgespräche erfolgreich meistern und schließlich den ersten Tag in der neuen Position erleben. Indem Sie diese einzelnen Schritte visualisieren, schaffen Sie ein konkretes Bild des Weges, das Sie motiviert und das Vertrauen stärkt, dass Sie den Erfolg tatsächlich erreichen können. Diese Methode hilft Ihnen, den Erfolg als realisierbar und zugänglich wahrzunehmen.

Eine weitere effektive Übung ist die „Rückblick-Visualisierung", bei der Sie sich vorstellen, wie Sie in der Zukunft auf Ihren Erfolg zurückblicken. Versetzen Sie sich in Ihr zukünftiges Selbst und denken Sie an die Herausforderungen, die Sie gemeistert haben, und an die Momente, die Sie geprägt haben. Stellen Sie sich vor, wie Sie mit Stolz und Freude auf den Weg zurückblicken und dankbar dafür sind, dass Sie die Schritte gegangen sind, die Sie zum Erfolg geführt haben. Diese Übung gibt Ihnen nicht nur eine Perspektive auf das Ziel, sondern zeigt Ihnen auch, dass jede Herausforderung ein wertvoller Bestandteil Ihres Erfolgs ist und dass der Weg zum Erfolg genauso bedeutend ist wie das Ziel selbst.

Auch das „Erfolgstagebuch" ist eine hilfreiche Visualisierungsübung, die Sie regelmäßig anwenden können. Schreiben Sie jeden Abend eine kurze Beschreibung des Tages, als hätten Sie an diesem Tag einen wichtigen Erfolg erzielt. Beschreiben Sie, was Sie erreicht haben und wie es sich anfühlt. Füllen Sie diese Einträge mit so viel Detail und Emotion wie möglich – als ob der Erfolg bereits geschehen wäre. Diese Übung hilft Ihnen, sich regelmäßig mit der Vorstellung von Erfolg zu verbinden und ein Gefühl der Erfüllung zu entwickeln, das Sie in die Realität tragen können. Je öfter Sie sich vorstellen, Erfolg zu erleben, desto stärker wird Ihr Unterbewusstsein darauf ausgerichtet, Gelegenheiten wahrzunehmen und zu handeln.

Eine weitere wertvolle Technik ist das Visualisieren von Erfolg durch „Dankbarkeits-Visualisierung". Diese Übung verbindet die Kraft der Visualisierung mit der Praxis der Dankbarkeit. Nehmen Sie sich einige Minuten Zeit, um sich einen erfolgreichen Moment vorzustellen, für den Sie zutiefst dankbar sind – sei es ein zukünftiges Ziel oder ein Traum, den Sie verwirklicht sehen. Spüren Sie die Dankbarkeit in sich und stellen Sie sich vor, wie dieser Erfolg Ihr Leben bereichert und erfüllt. Diese Übung verstärkt die positive Energie um das Ziel herum und macht es zu einer lebendigen Vision, die in Ihrem Bewusstsein verankert bleibt. Dankbarkeit für den Erfolg zu empfinden, selbst bevor er erreicht ist, zieht diesen Erfolg in gewisser Weise an und schafft eine starke Bindung zu Ihrem Ziel.

Eine andere Übung, die Ihnen helfen kann, Erfolg anzuziehen, ist die „Erfolgsspiegelung". Dies bedeutet, dass Sie sich selbst in Ihrem Erfolg widerspiegeln – als würden Sie sich im Spiegel ansehen und die erfolgreiche Version Ihrer selbst sehen. Nehmen Sie sich einen Moment, stellen Sie sich vor einen Spiegel und visualisieren Sie, dass Sie bereits die Person sind, die Sie werden möchten. Sehen Sie sich selbstbewusst, zufrieden und erfüllt und spüren Sie, wie diese Version Ihrer selbst sich anfühlt. Diese Übung gibt Ihnen die Möglichkeit, sich auf die Qualitäten und Stärken zu fokussieren, die Sie benötigen, um erfolgreich zu sein, und sie hilft, diese Eigenschaften im täglichen Leben zu entwickeln.

Auch das „Fokussieren auf den Erfolg im Körper" ist eine kraftvolle Visualisierungsübung. Schließen Sie die Augen und stellen Sie sich vor, dass der Erfolg in Ihnen als eine warme, leuchtende Energie beginnt. Spüren Sie, wie diese Energie sich langsam von Ihrem Herzen in den ganzen Körper ausbreitet – bis in die Fingerspitzen und Zehen. Diese Vorstellung stärkt das Gefühl, dass der Erfolg bereits ein Teil von Ihnen ist, und aktiviert eine körperliche Verbindung zu Ihrer Vision. Diese Technik verbindet das mentale Bild des Erfolgs mit einer physischen Empfindung, die das Vertrauen und die Zuversicht stärkt, dass Sie den Erfolg erreichen werden.

Eine letzte Übung, die viele Menschen als hilfreich empfinden, ist die „Erfolgsaffirmation". Kombinieren Sie Ihre Visualisierungen mit einer positiven Aussage über sich selbst und Ihren Erfolg. Während Sie sich Ihr Ziel vorstellen, wiederholen Sie eine Affirmation wie: „Ich bin erfolgreich und ziehe positive Möglichkeiten in mein Leben" oder „Ich verdiene Erfolg und erreiche meine Ziele mit Leichtigkeit." Diese Affirmationen verstärken die Visualisierung und wirken wie eine Brücke zwischen Ihren inneren Bildern und der realen Welt, in der Sie handeln und Ihre Träume verwirklichen.

Abschließend lässt sich sagen, dass Visualisierungsübungen einen positiven Rahmen schaffen, der Erfolg anzieht und unser Bewusstsein für die Möglichkeiten schärft, die uns umgeben. Durch diese regelmäßigen Übungen richten wir unseren Geist auf das Positive aus und entwickeln eine innere Haltung des Erfolgs. Jede dieser Visualisierungsübungen ist eine Möglichkeit, das Vertrauen in sich selbst zu stärken und das Ziel als erreichbar zu betrachten. Indem wir uns immer wieder in den Erfolg hineinversetzen, ziehen wir diese Realität in unser Leben und entwickeln die Motivation, mit Zuversicht und Tatkraft den eigenen Weg zum Erfolg zu gehen.

4. Visualisierung in den Alltag einbauen

Visualisierung ist ein kraftvolles Werkzeug, das uns helfen kann, unsere Ziele zu erreichen, Vertrauen zu gewinnen und ein positives Lebensgefühl zu entwickeln. Doch damit Visualisierung ihre volle Wirkung entfalten kann, ist es hilfreich, sie zu einem festen Bestandteil des Alltags zu machen. Indem wir Visualisierungsübungen regelmäßig in unsere Routinen einbauen, verankern wir unsere Ziele und positiven Bilder tiefer in unserem Bewusstsein und schaffen eine Verbindung zwischen unserem inneren Wunsch und unserer äußeren Realität. Hier sind einige Wege, wie Sie Visualisierung einfach und wirkungsvoll in Ihren Alltag integrieren können, ohne viel Zeit oder Aufwand zu benötigen.

Eine der einfachsten Möglichkeiten, Visualisierung in den Alltag einzubauen, ist der Morgenstart mit einer kurzen Visualisierungsübung. Nehmen Sie sich gleich nach dem Aufwachen ein paar Minuten Zeit, um sich Ihren Tag vorzustellen – wie Sie mit Energie und Freude Ihre Aufgaben angehen, produktiv arbeiten und kleine Erfolge erleben. Sehen Sie sich dabei, wie Sie sich ruhig und selbstbewusst durch den Tag bewegen und abends zufrieden und erfüllt sind. Diese kurze Morgenroutine hilft, eine positive Stimmung für den Tag zu schaffen und den Geist auf Erfolg und Erfüllung auszurichten. Sie können diese Übung auch mit einer Affirmation verbinden, wie zum Beispiel: „Heute gehe ich meine Aufgaben mit Leichtigkeit und Zuversicht an."

Eine weitere Möglichkeit ist es, Visualisierung während kleiner Pausen im Alltag zu üben. Oft haben wir kurze Momente der Ruhe, wie beim Warten auf den Bus, beim Mittagessen oder beim Spazierengehen. Nutzen Sie diese Momente, um sich kurz in Ihre Ziele hineinzuversetzen. Schließen Sie die Augen und stellen Sie sich für einen Moment vor, wie es sich anfühlen wird, wenn Sie Ihr Ziel erreicht haben. Spüren Sie die Freude und Zufriedenheit, die mit diesem Erfolg verbunden sind. Diese kleinen Visualisierungs-„Momente" helfen, die Verbindung zu Ihrem Ziel aufrechtzuerhalten und das positive Gefühl immer wieder in den Alltag zu integrieren. Sie bringen Ihnen regelmäßig einen kleinen Energieschub und helfen, fokussiert und motiviert zu bleiben.

Eine Abendroutine mit Visualisierung ist ebenfalls eine kraftvolle Methode, um Ihre Ziele zu verankern und den Tag positiv abzuschließen.

Bevor Sie schlafen gehen, nehmen Sie sich ein paar Minuten Zeit, um den Tag Revue passieren zu lassen und sich auf Ihre Ziele zu konzentrieren. Stellen Sie sich vor, wie Sie Ihrem Ziel näherkommen und wie es sich anfühlen wird, es zu erreichen. Diese Visualisierung vor dem Schlafen hat eine besondere Wirkung, da das Unterbewusstsein während des Schlafs aktiv weiterarbeitet und die Eindrücke der Visualisierung verfestigt. Diese Routine hilft Ihnen, mit einem positiven Gefühl in die Nacht zu gehen und Ihre Vision tief im Bewusstsein zu verankern.

Auch im Arbeitsalltag lässt sich Visualisierung einsetzen, um mit Zuversicht und Klarheit an Aufgaben heranzugehen. Wenn Sie vor einer herausfordernden Aufgabe stehen oder eine wichtige Entscheidung treffen müssen, können Sie sich einen Moment Zeit nehmen, um sich vorzustellen, wie Sie die Situation erfolgreich meistern. Sehen Sie sich selbst dabei, wie Sie ruhig und fokussiert arbeiten und die Aufgabe souverän lösen. Diese kurze Visualisierung hilft, das Selbstvertrauen zu stärken und die innere Haltung auf Erfolg auszurichten. Besonders in stressigen Momenten kann diese Übung eine Quelle der Ruhe und Zuversicht sein und Sie daran erinnern, dass Sie über die notwendigen Fähigkeiten verfügen.

Visualisierung kann auch beim Sport oder bei körperlichen Aktivitäten eingebaut werden. Wenn Sie regelmäßig Sport treiben oder sich körperlich betätigen, können Sie sich vor dem Training einen Moment nehmen, um sich den Ablauf und den gewünschten Erfolg vorzustellen. Sehen Sie sich selbst, wie Sie mit Leichtigkeit und Freude trainieren und dabei Ihre Leistung verbessern. Diese Vorstellung hilft nicht nur, die Motivation zu steigern, sondern hat auch einen positiven Einfluss auf Ihre körperliche Leistung. Viele Sportler nutzen Visualisierung, um sich mental auf den Sport einzustimmen, und Studien zeigen, dass diese Technik das Körperbewusstsein stärkt und die Erfolgsrate erhöhen kann.

Auch während des Weges zur Arbeit oder anderen regelmäßigen Fahrten können Sie Visualisierung einbauen. Nutzen Sie die Zeit im Zug, Bus oder Auto, um sich Ihre Ziele ins Gedächtnis zu rufen. Stellen Sie sich vor, wie Sie Schritt für Schritt auf Ihr Ziel zusteuern und die nötigen Erfolge erzielen. Solche regelmäßigen Visualisierungsrituale geben dem Geist eine klare Richtung und stärken die Verknüpfung zwischen Alltag und Zielvorstellung. Die Fahrt zur Arbeit wird so zu einer wertvollen Zeit, in der Sie sich auf Ihre Vision konzentrieren und mit positiven Gedanken in den Tag starten.

Eine weitere Möglichkeit, Visualisierung in den Alltag zu integrieren, ist das Erstellen eines Vision Boards, das Sie in Ihrem Zuhause oder an Ihrem Arbeitsplatz aufstellen. Ein Vision Board ist eine Collage aus Bildern, Wörtern und Zitaten, die Ihre Ziele und Wünsche darstellen. Jedes Mal, wenn Sie Ihr Vision Board sehen, erinnert es Sie an Ihre Vision und die Schritte, die Sie unternehmen wollen, um sie zu erreichen. Ein Blick auf das Board kann auch einen kleinen Moment der Visualisierung auslösen, in dem Sie sich in Ihrem zukünftigen Erfolg sehen. Ein Vision Board ist nicht nur eine visuelle Erinnerung, sondern schafft auch eine motivierende Umgebung, die Sie täglich inspiriert.

Die Verbindung von Visualisierung mit körperlichen Entspannungsübungen ist eine weitere kraftvolle Methode, um den Geist auf Erfolg auszurichten. Übungen wie Yoga oder Meditation bieten ideale Gelegenheiten, um Visualisierungen einzubauen. Während Sie zum Beispiel meditieren oder Atemübungen machen, können Sie sich auf Ihre Vision konzentrieren und sich vorstellen, wie sich der Erfolg in Ihrem Leben entfaltet. Diese Kombination aus körperlicher Entspannung und geistiger Visualisierung verstärkt die Wirkung und hilft, eine tiefe Verbindung zu Ihrem Ziel herzustellen.

Schließlich ist das Führen eines Erfolgstagebuchs eine einfache Möglichkeit, Visualisierung im Alltag zu integrieren. Nehmen Sie sich abends ein paar Minuten, um aufzuschreiben, was Sie erreicht haben und wie Sie sich dem Ziel näher fühlen. Zusätzlich können Sie aufschreiben, wie es sich anfühlt, das Ziel bereits erreicht zu haben – wie sich dieser Erfolg auf Ihr Leben auswirkt und wie Sie sich dabei fühlen. Diese schriftliche Form der Visualisierung bringt Klarheit und verstärkt die emotionale Bindung zu Ihrem Ziel. Sie erinnert Sie jeden Tag daran, dass Erfolg greifbar ist und dass Sie sich auf einem kontinuierlichen Weg dorthin befinden.

Durch das regelmäßige Einbauen von Visualisierung in den Alltag schaffen Sie eine positive Verbindung zu Ihren Zielen und fördern das Vertrauen, dass Sie sie erreichen können. Visualisierung wird so zu einer natürlichen und beständigen Praxis, die Ihnen im Alltag immer wieder kleine Impulse und positive Erinnerungen gibt. Mit jeder Übung verstärken Sie die Verbindung zu Ihrer Vision und schaffen eine mentale Grundlage, die Sie motiviert und auf Ihrem Weg zum Erfolg begleitet.

Kapitel 6: Vergebung praktizieren und loslassen

1. Warum Vergebung für inneren Frieden unerlässlich ist

Vergebung ist ein kraftvoller Akt, der tiefgreifende Auswirkungen auf unser Wohlbefinden und unseren inneren Frieden hat. Oft tragen wir Groll oder Schmerz mit uns herum, ausgelöst durch vergangene Verletzungen, Enttäuschungen oder ungerecht empfundene Handlungen. Diese Last beeinflusst nicht nur unsere Stimmung, sondern kann auch unsere Energie und unsere Lebensfreude rauben. Vergebung ist jedoch ein Schlüssel, der uns von diesem Ballast befreien kann und den Weg für inneren Frieden ebnet. Doch warum genau ist Vergebung so wichtig für das eigene Wohlbefinden, und wie hilft sie uns, unser inneres Gleichgewicht wiederzufinden?

Vergebung bedeutet nicht, eine Handlung zu vergessen oder gutzuheißen. Vielmehr ist Vergebung ein bewusster Prozess, der uns erlaubt, die Kontrolle über unsere Emotionen und unser Leben zurückzugewinnen. Wenn wir an negativen Gefühlen festhalten, sind wir oft in der Vergangenheit verhaftet und geben den verletzenden Ereignissen Macht über unser aktuelles Wohlbefinden. Vergebung ist ein Weg, diese Macht zurückzugewinnen und uns von den negativen Energien zu lösen, die uns belasten. Durch diesen Akt der Befreiung können wir die Verletzungen der Vergangenheit heilen und Raum für positive Emotionen schaffen, die uns inneren Frieden und Leichtigkeit bringen.

Ein wichtiger Grund, warum Vergebung so essenziell für den inneren Frieden ist, liegt in ihrer Fähigkeit, uns emotionale Freiheit zu schenken. Solange wir an Wut, Schmerz oder Rachegefühlen festhalten, geben wir den vergangenen Ereignissen eine Macht über unsere Gefühle und Gedanken. Diese negativen Emotionen können sich tief in unserem Inneren verankern und zu einer Art dauerhafter Anspannung führen. Indem wir vergeben, erlauben wir uns, diese Last abzulegen und eine innere Freiheit zu erfahren, die uns von der Vergangenheit löst. Dieser Prozess gibt uns die Möglichkeit, uns auf das Hier und Jetzt zu konzentrieren und offen für neue, positive Erfahrungen zu sein.

Vergebung hat auch einen positiven Einfluss auf unsere körperliche Gesundheit. Studien zeigen, dass Menschen, die vergeben, niedrigere Stresslevel haben und weniger anfällig für stressbedingte Erkrankungen wie Bluthochdruck, Herzkrankheiten oder Schlafstörungen sind. Die negativen Emotionen, die wir durch den Groll und die Wut in uns tragen, setzen den Körper unter ständigen Stress, der langfristig unsere Gesundheit belasten kann. Wenn wir vergeben, reduziert sich dieser Stress, was sowohl das Immunsystem stärkt als auch das Risiko für viele körperliche Beschwerden senkt. Vergebung wirkt also wie eine innere

Heilung, die sich auch körperlich bemerkbar macht.

Ein weiterer wichtiger Aspekt der Vergebung ist die Kraft der Selbstvergebung. Oft halten wir nicht nur an Verletzungen fest, die andere uns zugefügt haben, sondern auch an Schuldgefühlen und Selbstvorwürfen für eigene Fehler. Selbstvergebung ist ein essenzieller Schritt, um Frieden mit uns selbst zu schließen und uns von den Fesseln der Vergangenheit zu lösen. Indem wir lernen, uns selbst für Fehler oder Versäumnisse zu vergeben, befreien wir uns von Selbstkritik und Scham und erlauben uns, uns selbst mit Mitgefühl und Akzeptanz zu begegnen. Diese Selbstakzeptanz schafft eine Grundlage für inneren Frieden und Selbstliebe, die uns stärkt und uns erlaubt, mit Zuversicht in die Zukunft zu blicken.

Auch unsere Beziehungen profitieren von der Praxis der Vergebung. Wenn wir vergeben, lösen wir uns von den negativen Emotionen, die uns von anderen trennen und Barrieren zwischen uns und unseren Mitmenschen aufbauen. Vergebung ermöglicht es uns, Verletzungen loszulassen und Raum für Empathie und Verständnis zu schaffen. Dies kann dazu führen, dass Beziehungen heilen und sich vertiefen, da wir nicht mehr durch die Verletzungen der Vergangenheit belastet sind. In einigen Fällen mag die Person, der wir vergeben, gar nicht mehr Teil unseres Lebens sein, doch die Vergebung befreit uns selbst und gibt uns die Möglichkeit, unsere zwischenmenschlichen Beziehungen unbelastet zu gestalten.

Vergebung ermöglicht uns außerdem, die Kontrolle über unsere eigene Lebensgeschichte zu übernehmen. Wenn wir an negativen Gefühlen festhalten, lassen wir die Vergangenheit darüber bestimmen, wie wir uns heute fühlen und verhalten. Vergebung bedeutet, dass wir aktiv entscheiden, unsere Energie nicht länger in die Vergangenheit zu investieren, sondern uns auf die Zukunft zu konzentrieren und das Leben bewusst zu gestalten. Diese Selbstbestimmung stärkt das Gefühl, dass wir unser Leben in den eigenen Händen halten und uns nicht von vergangenen Ereignissen kontrollieren lassen. Durch diese Entscheidung gewinnen wir eine neue Freiheit, die uns den inneren Frieden schenkt, den wir oft suchen.

Ein häufiges Missverständnis über Vergebung ist die Annahme, dass Vergebung den Verletzer „freispricht". Tatsächlich geht es jedoch nicht um die andere Person, sondern um uns selbst. Vergebung ist ein Akt der Selbstfürsorge, der uns hilft, die negativen Einflüsse der Vergangenheit loszulassen und wieder mit uns selbst in Einklang zu kommen. Es geht darum, die eigene seelische Gesundheit und den inneren Frieden zu schützen. Indem wir vergeben, schützen wir unser eigenes Wohlbefinden und machen uns unabhängig von den Handlungen oder Entscheidungen anderer. Diese Perspektive kann den Vergebungsprozess erleichtern, da wir erkennen, dass es nicht um das Verhalten anderer geht, sondern um unsere eigene Heilung.

Vergebung öffnet auch die Tür zu einem tieferen Verständnis für das menschliche Verhalten und die Komplexität zwischenmenschlicher Beziehungen. Wenn wir erkennen, dass jeder Mensch Fehler macht und dass Verletzungen oft aus eigener Unsicherheit oder Unwissenheit entstehen, wird es leichter, Mitgefühl für andere zu entwickeln. Dieses Mitgefühl hilft uns, die Menschen und Ereignisse der Vergangenheit loszulassen, da wir verstehen, dass niemand perfekt ist und dass Verletzungen ein natürlicher Teil des menschlichen Miteinanders sein können. Dieses Verständnis für das Menschliche fördert den inneren Frieden und ermöglicht es uns, nicht länger an negativen Emotionen festzuhalten.

Schließlich hilft Vergebung, ein positives Selbstbild zu entwickeln und stärkt unser Selbstwertgefühl. Wenn wir uns selbst und anderen vergeben, lernen wir, uns als liebevoll und wertvoll zu betrachten. Wir erkennen, dass wir nicht von den Fehlern der Vergangenheit definiert werden, sondern die Fähigkeit besitzen, uns weiterzuentwickeln und in Liebe und Mitgefühl zu wachsen. Diese Selbstakzeptanz schafft eine innere Stabilität und Frieden, die uns stärkt und uns dabei hilft, uns selbst und anderen mit Offenheit und Freundlichkeit zu begegnen.

Vergebung ist ein tiefgreifender Prozess, der uns von den Fesseln der Vergangenheit befreit und Raum für Heilung, Mitgefühl und innere Ruhe schafft. Sie ist unerlässlich für jeden, der echten Frieden im Herzen finden und ein erfülltes Leben führen möchte. Indem wir die Kraft der Vergebung in unser Leben einladen, schaffen wir die Grundlage für ein Leben voller Freude, Freiheit und innerem Frieden, das uns unabhängig von den Handlungen und Entscheidungen anderer erfüllt.

2.Techniken, um sich selbst und anderen zu vergeben

Vergebung ist oft ein schwieriger und komplexer Prozess, insbesondere wenn wir tief verletzt wurden oder an eigenen Fehlern leiden. Doch es gibt Techniken, die uns helfen können, die Last des Grolls und der Selbstvorwürfe loszulassen und innere Freiheit und Frieden zu finden. Sich selbst und anderen zu vergeben, erfordert Geduld und Mitgefühl – für die Menschen, die uns verletzt haben, und für uns selbst. Mit den richtigen Techniken wird Vergebung jedoch zu einem greifbaren und heilenden Prozess, der uns dabei unterstützt, alte Wunden zu schließen und den Geist zu befreien.

Eine der wirkungsvollsten Techniken zur Vergebung ist das Schreiben eines Vergebungsbriefes. Nehmen Sie sich Zeit, um in einem ruhigen Moment einen Brief an die Person zu schreiben, der Sie vergeben möchten – das kann jemand anderes oder Sie selbst sein. In diesem Brief können Sie Ihre Gefühle und Gedanken ehrlich ausdrücken, ohne zurückzuhalten. Schreiben Sie über den Schmerz, die Enttäuschung und die Wut, die Sie vielleicht noch in sich tragen. Lassen Sie alle Emotionen zu, die in Ihnen aufkommen, und bringen Sie sie auf Papier. Am Ende des Briefes können Sie sich bewusst entscheiden, diese Gefühle loszulassen und der Person zu vergeben, unabhängig davon, ob sie sich ihrer Fehler bewusst ist oder nicht. Dieser Brief muss nicht abgeschickt werden – er ist für Sie und dient dazu, Ihre Gedanken und Gefühle zu verarbeiten. Oft wirkt diese Übung wie eine Befreiung, da sie die Emotionen, die mit der Verletzung verbunden sind, aus dem Inneren herauslöst und Raum für Vergebung schafft.

Eine weitere hilfreiche Technik ist die „Vergebungsmeditation". Setzen Sie sich in einen ruhigen Raum, schließen Sie die Augen und atmen Sie tief durch. Rufen Sie die Person, der Sie vergeben möchten, vor Ihrem inneren Auge ins Gedächtnis. Stellen Sie sich vor, wie Sie all die negativen Gefühle, die mit dieser Person oder Situation verbunden sind, mit jedem Ausatmen loslassen. Visualisieren Sie, wie sich eine warme, heilende Energie in Ihrem Inneren ausbreitet, die alle negativen Gefühle durchdringt und auflöst. Während Sie tief und gleichmäßig atmen, sagen Sie sich leise: „Ich vergebe dir, und ich lasse den Schmerz los." Diese Meditation hilft, negative Gefühle zu transformieren und innere Ruhe zu finden. Wenn Sie Schwierigkeiten haben, zu vergeben, können Sie auch den Satz „Ich bin bereit, zu vergeben" verwenden. Auch diese Bereitschaft ist ein wichtiger Schritt auf dem Weg zur Vergebung.

Eine weitere Technik, um Vergebung zu praktizieren, ist das „Perspektivwechseln". Oft fällt es uns schwer zu vergeben, weil wir nur unsere eigene Sichtweise kennen und uns auf unseren Schmerz fokussieren. Versuchen Sie, sich die Situation aus der Perspektive der anderen Person vorzustellen. Fragen Sie sich: „Warum hat diese Person so gehandelt? Welche Ängste, Unsicherheiten oder Überzeugungen könnten sie dazu bewegt haben, so zu handeln?" Diese Übung erfordert Empathie und Verständnis, doch sie kann Ihnen helfen, die Beweggründe der anderen Person besser zu verstehen. Es bedeutet nicht, das Verhalten zu entschuldigen, sondern es aus einem neuen Blickwinkel zu sehen. Dieser Perspektivwechsel kann den Groll lindern und den Weg zur Vergebung ebnen, da er uns erkennen lässt, dass die Handlungen anderer oft durch eigene innere Kämpfe geprägt sind.

Selbstvergebung ist ein wesentlicher Teil des Vergebungsprozesses, und eine wirkungsvolle Technik hierfür ist das Praktizieren von „Selbstmitgefühl". Wenn wir uns selbst gegenüber Fehlern und Versäumnissen kritisieren, verschließen wir uns gegenüber der Möglichkeit, zu heilen und weiterzugehen. Um Selbstmitgefühl zu üben, setzen Sie sich in einem ruhigen Moment hin und stellen Sie sich vor, dass Sie einem Freund oder einer Freundin zuhören, die in der gleichen Situation ist wie Sie. Was würden Sie ihm oder ihr sagen? Würden Sie ihm oder ihr Vorwürfe machen, oder würden Sie Verständnis und Mitgefühl zeigen? Nun wenden Sie diese Worte auf sich selbst an, als ob Sie Ihr eigener bester Freund wären. Sagen Sie sich: „Ich vergebe mir für diesen Fehler, denn ich lerne und wachse. Ich verdiene Verständnis und Mitgefühl." Diese Übung hilft, sich von Schuldgefühlen zu lösen und die eigene Menschlichkeit zu akzeptieren.

Auch das „Loslassen-Ritual" kann dabei helfen, die Vergebung zu vollziehen und negative Gefühle endgültig loszulassen. Schreiben Sie auf ein Blatt Papier die Verletzung oder den Schmerz, den Sie empfinden, und halten Sie einen Moment inne, um sich bewusst zu machen, was dieser Schmerz in Ihrem Leben bewirkt hat. Wenn Sie bereit sind, das Gefühl loszulassen, können Sie das Blatt Papier symbolisch zerreißen oder verbrennen (an einem sicheren Ort). Dieses Ritual ist eine symbolische Handlung, die den Akt des Loslassens und der Vergebung greifbar macht. Es gibt uns das Gefühl, dass wir das Negative buchstäblich hinter uns lassen und Platz für Neues schaffen.

Ein weiteres Hilfsmittel zur Vergebung ist die Verwendung von Affirmationen. Affirmationen sind positive, stärkende Sätze, die Ihnen helfen können, die Absicht zur Vergebung in Ihrem Geist zu festigen. Beispiele für Vergebungsaffirmationen könnten sein: „Ich lasse alle negativen Gefühle los und entscheide mich für inneren Frieden" oder „Ich vergebe und befreie mich von der Vergangenheit." Wiederholen Sie diese Affirmationen regelmäßig, insbesondere wenn Sie spüren, dass alte Gefühle des Grolls oder der Schuld aufkommen. Affirmationen wirken wie ein Anker, der Ihnen hilft, Ihre innere Ausrichtung auf Frieden und Vergebung zu stärken.

Die „Vergebung durch Dankbarkeit" ist ebenfalls eine kraftvolle Technik, um sich selbst und anderen zu vergeben. Nehmen Sie sich einen Moment, um sich auf das Positive zu konzentrieren, das aus der Situation entstanden ist. Vielleicht haben Sie durch die Erfahrung wertvolle Lektionen über sich selbst oder das Leben gelernt, oder Sie sind dadurch zu einer stärkeren und verständnisvolleren Person geworden. Indem Sie die positiven Aspekte der Erfahrung anerkennen, können Sie leichter loslassen und die Wunde heilen lassen. Dankbarkeit hilft, negative Emotionen in eine positive Energie umzuwandeln und die Vergangenheit als wertvollen Teil Ihrer persönlichen Entwicklung anzunehmen.

Schließlich ist es wichtig, den Prozess der Vergebung als einen Weg zu betrachten, der Zeit braucht. Vergebung ist kein schneller Akt, sondern ein Prozess, der in kleinen Schritten erfolgt. Seien Sie geduldig mit sich selbst und respektieren Sie Ihre Gefühle. Wenn Sie spüren, dass alte Wunden wieder aufbrechen, erinnern Sie sich daran, dass Vergebung ein Prozess ist, der Raum für alle Emotionen bietet. Manchmal mag es Zeit und mehrere Versuche brauchen, bis die Vergebung vollständig ist, aber jeder Schritt bringt Sie näher an den inneren Frieden, den Sie suchen.

Vergebung ist eine Reise, die Mut und Mitgefühl erfordert, doch die Belohnung ist eine innere Freiheit und ein Frieden, der das Leben bereichert. Indem wir diese Techniken regelmäßig anwenden, öffnen wir uns für die heilende Kraft der Vergebung und schaffen Raum für Liebe, Mitgefühl und Verständnis – für uns selbst und für die Menschen, die uns begegnen.

3. Loslassen von Groll und nach vorne schauen

Groll ist wie eine schwere Last, die wir mit uns tragen, oft ohne es wirklich zu merken. Er entsteht aus dem Schmerz vergangener Verletzungen, aus Enttäuschungen und ungerechten Erfahrungen, die tief in uns verankert sind. Doch solange wir an diesem Groll festhalten, hindern wir uns selbst daran, inneren Frieden und Freiheit zu finden. Groll bindet uns an die Vergangenheit und lässt uns in negativen Emotionen verweilen, die uns Energie und Lebensfreude rauben. Das Loslassen dieses Grolls ist daher ein entscheidender Schritt, um nach vorne zu schauen und das Leben mit Offenheit und Zuversicht anzugehen.

Ein erster Schritt zum Loslassen von Groll ist, die negativen Gefühle zu akzeptieren und sich bewusst zu machen, dass sie existieren. Oft versuchen wir, negative Emotionen zu verdrängen oder zu ignorieren, in der Hoffnung, dass sie von alleine verschwinden. Doch Groll verschwindet selten von selbst; er kann sich sogar verstärken, wenn wir ihn nicht bewusst verarbeiten. Nehmen Sie sich daher einen Moment, um sich Ihren Groll einzugestehen. Erkennen Sie an, dass es in Ordnung ist, verletzt oder enttäuscht zu sein. Indem Sie sich erlauben, diese Gefühle zu spüren, schaffen Sie einen Raum der Akzeptanz, der es Ihnen ermöglicht, diese Emotionen in einem sicheren Rahmen zu verarbeiten.

Ein weiterer wichtiger Aspekt des Loslassens von Groll ist das Bewusstsein, dass dieser Groll in erster Linie uns selbst schadet. Die Person, auf die wir wütend sind, mag sich dessen nicht einmal bewusst sein, während wir die negativen Gefühle weiterhin in uns tragen und darunter leiden. Wenn wir verstehen, dass der Groll in uns wie ein Gift wirkt, das nur uns selbst belastet, können wir den Wunsch entwickeln, diese schädliche Energie loszulassen. Groll ist wie eine Fessel, die uns daran hindert, in Freiheit und Leichtigkeit zu leben. Durch das Loslassen dieser Fessel befreien wir uns selbst und geben unserem Geist die Möglichkeit, heil zu werden.

Ein wirkungsvolles Mittel zum Loslassen von Groll ist das Praktizieren von Mitgefühl. Es mag zunächst schwierig erscheinen, Mitgefühl für eine Person zu empfinden, die uns verletzt hat, doch Mitgefühl bedeutet nicht, das Verhalten der anderen Person zu entschuldigen. Stattdessen können wir versuchen, die Menschlichkeit in ihr zu sehen und zu verstehen, dass auch sie mit ihren eigenen Schwächen und Unsicherheiten kämpft. Oft handeln Menschen aus Angst, Unwissenheit oder Schmerz heraus, und indem wir dies anerkennen, fällt es uns leichter, den Groll loszulassen. Dieses Mitgefühl hilft uns, den Blick auf das Menschliche zu richten und uns von den negativen Emotionen zu befreien, die uns an die Vergangenheit binden.

Loslassen bedeutet auch, uns selbst zu erlauben, uns auf das Hier und Jetzt zu konzentrieren, anstatt uns in den Erinnerungen an die Vergangenheit zu verlieren. Wenn wir uns auf die Gegenwart fokussieren, sehen wir die Schönheit und die Möglichkeiten, die uns in jedem

Moment umgeben. Diese bewusste Entscheidung, im Moment zu leben, lenkt unsere Energie auf das, was wir hier und jetzt gestalten können, statt auf das, was nicht mehr zu ändern ist. Die Gegenwart bietet uns eine Vielzahl von Gelegenheiten, Freude und Frieden zu erleben, doch wir können sie nur wahrnehmen, wenn wir den Groll der Vergangenheit hinter uns lassen.

Eine hilfreiche Technik, um Groll loszulassen, ist das Visualisieren einer friedvollen Zukunft. Stellen Sie sich vor, wie es sich anfühlt, wenn Sie diesen Groll nicht mehr in sich tragen. Sehen Sie sich selbst als befreite Person, die mit Leichtigkeit und Freude durch das Leben geht, ohne die Last vergangener Verletzungen. Spüren Sie die Freiheit, die damit einhergeht, und erlauben Sie sich, dieses positive Bild als Motivation zu nutzen, um tatsächlich loszulassen. Diese Vorstellung einer friedlichen Zukunft kann ein starker Antrieb sein, die negativen Gefühle nach und nach hinter sich zu lassen.

Auch das Schreiben kann ein wertvolles Werkzeug sein, um Groll loszulassen. Schreiben Sie all Ihre Gedanken und Gefühle nieder, ohne etwas zurückzuhalten. Lassen Sie alle negativen Emotionen und Wut auf das Papier fließen. Wenn Sie das Gefühl haben, alles gesagt zu haben, können Sie das Geschriebene symbolisch loslassen, indem Sie das Papier zerreißen oder verbrennen (sicher und verantwortungsbewusst). Dieses Ritual des „Loslassens" hilft dabei, die negativen Emotionen physisch aus dem Inneren herauszulösen und einen symbolischen Schlussstrich zu ziehen.

Ein weiterer wesentlicher Schritt zum Loslassen ist das Praktizieren von Dankbarkeit. Groll bindet uns an die negativen Aspekte der Vergangenheit, doch Dankbarkeit hilft uns, unseren Blick auf das Positive zu richten, das uns umgibt. Nehmen Sie sich täglich einen Moment, um sich an die Dinge zu erinnern, für die Sie dankbar sind, sei es eine freundliche Begegnung, ein schöner Moment in der Natur oder eine unterstützende Beziehung. Dankbarkeit schafft eine positive Energie, die es uns erleichtert, negative Emotionen loszulassen und unseren Fokus auf das zu richten, was uns Freude und Erfüllung bringt.

Es ist auch hilfreich, sich daran zu erinnern, dass das Loslassen von Groll ein Prozess ist, der Zeit und Geduld erfordert. Vielleicht kommen alte Gefühle hin und wieder zurück, und das ist vollkommen normal. Der Prozess des Loslassens kann in Wellen verlaufen, in denen wir manchmal mehr, manchmal weniger loslassen können. Seien Sie geduldig mit sich selbst und geben Sie sich die Erlaubnis, in Ihrem eigenen Tempo voranzugehen. Jeder kleine Schritt in Richtung Vergebung und Loslassen ist ein Fortschritt, der Sie Ihrem Ziel näherbringt, inneren Frieden und Freiheit zu finden.

Schließlich bedeutet das Loslassen von Groll, sich auf das eigene Wachstum zu konzentrieren. Wenn wir den Blick von der Vergangenheit lösen und nach vorne schauen, öffnen wir uns für neue Möglichkeiten und Erfahrungen, die uns bereichern und wachsen lassen. Loslassen bedeutet, dass wir die Vergangenheit als eine Lektion betrachten, die uns stärker und weiser gemacht hat. Es gibt uns die Kraft, uns selbst und andere mit Mitgefühl und Verständnis zu behandeln und die Zukunft mit einem offenen und freien Geist zu begrüßen.

Indem wir den Groll loslassen, schaffen wir Raum für Frieden, Liebe und Freude in unserem Leben. Es ist ein befreiender Prozess, der uns von den Lasten der Vergangenheit befreit und uns erlaubt, unser Leben aktiv und mit positiver Energie zu gestalten.

4. Emotionale Vorteile von Vergebung und Loslassen

Vergebung und das Loslassen negativer Emotionen können unser emotionales Wohlbefinden auf tiefgreifende Weise beeinflussen. Oft halten wir an Groll, Wut oder Enttäuschung fest und merken gar nicht, wie sehr diese Gefühle unsere tägliche Stimmung und unser Lebensgefühl beeinträchtigen. Doch sobald wir den Schritt wagen, wirklich zu vergeben und loszulassen, erleben wir eine innere Freiheit und ein neues Maß an emotionaler Leichtigkeit. Die Vorteile, die Vergebung und Loslassen für unser seelisches Gleichgewicht bringen, sind vielfältig und können das Leben auf ganz neue, positive Weise bereichern.

Ein wesentlicher emotionaler Vorteil der Vergebung ist das Gefühl der Befreiung. Wenn wir an negativen Gefühlen festhalten, fühlen wir uns oft wie gefangen in einem Netz aus Schmerz und Wut, das uns daran hindert, uns frei zu entfalten. Durch das Loslassen dieser Gefühle öffnen wir uns für ein Gefühl der inneren Freiheit, das uns erlaubt, die Vergangenheit hinter uns zu lassen und uns auf das Hier und Jetzt zu konzentrieren. Diese Befreiung gibt uns Raum, um wieder Freude, Leichtigkeit und Zufriedenheit zu spüren – Emotionen, die oft von den schweren Lasten der Vergangenheit verdrängt werden. Es ist, als würde ein Stein von unserer Seele fallen und uns erlauben, leichter und freier zu atmen.

Ein weiterer emotionaler Vorteil der Vergebung ist die Entlastung von Stress und Anspannung. Groll und Wut sind oft mit Stress und innerer Unruhe verbunden, da sie den Körper in einem Zustand der dauerhaften Alarmbereitschaft halten. Wenn wir vergeben, lösen sich diese Spannungen und der Körper kann sich entspannen. Studien zeigen, dass Menschen, die regelmäßig vergeben, niedrigere Stresslevel haben und weniger anfällig für stressbedingte Erkrankungen sind. Das Loslassen negativer Gefühle wirkt wie eine innere Heilung, die sowohl den Geist als auch den Körper beruhigt und uns erlaubt, uns ausgeglichener und friedvoller zu fühlen.

Ein weiterer Aspekt der emotionalen Vorteile von Vergebung und Loslassen ist die Stärkung des Selbstwertgefühls. Wenn wir in der Lage sind, anderen zu vergeben, nehmen wir eine starke und mitfühlende Haltung ein, die unser Selbstvertrauen stärkt. Es gibt uns das Gefühl, dass wir in der Lage sind, über Verletzungen und Enttäuschungen hinauszuwachsen und uns von negativen Einflüssen unabhängig zu machen. Ebenso erhöht die Selbstvergebung unser Selbstwertgefühl, da wir lernen, uns selbst mit Akzeptanz und Mitgefühl zu begegnen. Diese Selbstakzeptanz ist eine wertvolle Grundlage für ein stabiles emotionales Gleichgewicht und eine gesunde, liebevolle Beziehung zu uns selbst.

Vergebung und Loslassen fördern auch die Fähigkeit, neue positive Beziehungen aufzubauen und bestehende zu vertiefen. Wenn wir den Schmerz und die Verletzungen der Vergangenheit loslassen, schaffen wir Raum für Empathie, Verständnis und Vertrauen – Eigenschaften, die für stabile und liebevolle Beziehungen unerlässlich sind. Groll und Wut können eine unsichtbare Mauer zwischen uns und anderen Menschen aufbauen, die wahre Nähe und Vertrauen erschwert. Wenn wir jedoch vergeben, lösen sich diese Barrieren auf und wir können uns offen und ehrlich mit anderen verbinden. Diese neu gewonnene Offenheit ermöglicht es uns, tiefergehende und erfüllendere Beziehungen zu entwickeln, die auf Mitgefühl und gegenseitiger Unterstützung basieren.

Ein weiterer emotionaler Vorteil ist die Fähigkeit, mit mehr Gelassenheit und innerem Frieden auf Herausforderungen und schwierige Situationen zu reagieren. Vergebung lehrt uns, dass wir die Kontrolle über unsere Emotionen und Reaktionen haben und uns nicht von negativen Gefühlen überwältigen lassen müssen. Diese innere Gelassenheit gibt uns die Stärke, uns auch in schwierigen Momenten auf das Positive zu konzentrieren und mit Klarheit und Ruhe zu handeln. Wenn wir vergeben und loslassen, gewinnen wir eine innere Resilienz, die uns hilft, auch in stressigen Zeiten stabil und ausgeglichen zu bleiben.

Vergebung und Loslassen können auch dazu beitragen, die Freude und Dankbarkeit im Alltag zu verstärken. Wenn wir uns von negativen Gefühlen befreien, öffnen wir unser Herz für die kleinen und großen Freuden des Lebens. Wir werden empfänglicher für die Schönheit der einfachen Momente, wie ein Lächeln, ein freundliches Wort oder die Wärme der Sonne auf der Haut. Diese Fähigkeit, Freude zu empfinden, wird oft von den negativen Gefühlen überschattet, die wir unbewusst mit uns tragen. Durch das Loslassen schaffen wir Raum, um die positiven Erlebnisse wieder vollständig wahrzunehmen und die Fülle des Lebens zu genießen.

Ein weiterer Vorteil ist das Wachstum von Mitgefühl und Empathie. Vergebung ist ein Akt der Liebe und des Verständnisses, der uns hilft, uns selbst und anderen gegenüber sanftmütiger zu werden. Wenn wir vergeben, lernen wir, dass jeder Mensch Fehler macht und dass Verletzungen oft aus einem Ort des Schmerzes oder der Unsicherheit heraus geschehen. Dieses Verständnis fördert ein tiefes Mitgefühl für die menschliche Erfahrung und gibt uns die Fähigkeit, anderen in schwierigen Zeiten unterstützend zur Seite zu stehen. Dieses Mitgefühl schafft eine emotionale Tiefe, die unser Leben bereichert und unsere Verbindungen zu anderen Menschen stärkt.

Vergebung und Loslassen fördern auch die Fähigkeit, sich auf Ziele und Träume zu konzentrieren, da sie den Geist von negativen Gedanken befreien. Solange wir an der Vergangenheit festhalten, bleibt ein Teil unserer Energie an diese Ereignisse gebunden, was uns daran hindert, das volle Potenzial der Gegenwart zu nutzen. Wenn wir vergeben, wird diese Energie freigesetzt und steht uns zur Verfügung, um neue Ziele zu verfolgen und unsere Träume zu verwirklichen. Dieser klare, unbeschwerte Geist hilft uns, fokussiert und entschlossen voranzugehen und unsere Visionen zu realisieren.

Abschließend ist Vergebung ein Geschenk, das wir uns selbst machen. Es gibt uns die Kraft, die Vergangenheit als wertvolle Lektion zu betrachten und unser Herz von negativen Emotionen zu befreien. Die emotionalen Vorteile der Vergebung sind wie eine Heilung von innen heraus – sie gibt uns die Freiheit, das Leben wieder mit Freude, Frieden und Dankbarkeit zu erleben. Indem wir vergeben und loslassen, schaffen wir eine solide Grundlage für ein glückliches und erfülltes Leben, das uns ermöglicht, jeden Tag mit einem offenen und liebenden Herzen zu beginnen.

Kapitel 7: Ein positives Selbstbild aufbauen

1. Die Verbindung zwischen Selbstbild und persönlichem Erfolg

Unser Selbstbild, also die Art und Weise, wie wir uns selbst sehen und wahrnehmen, hat einen tiefgreifenden Einfluss auf unser Leben und unseren Erfolg. Oft denken wir, dass Erfolg ausschließlich von äußeren Faktoren abhängt, wie unserem Wissen, unseren Fähigkeiten oder den Chancen, die uns begegnen. Doch in Wirklichkeit beginnt persönlicher Erfolg im Inneren – mit der Art und Weise, wie wir uns selbst sehen und was wir uns zutrauen. Ein positives Selbstbild ist die Grundlage, auf der wir unsere Träume und Ziele aufbauen. Ohne ein gesundes und unterstützendes Selbstbild fällt es uns schwer, das Vertrauen und die Kraft zu finden, die notwendig sind, um unsere Wünsche zu verwirklichen.

Ein positives Selbstbild ist wie eine innere Kraftquelle, die uns auch in schwierigen Momenten Halt gibt. Wenn wir uns selbst als kompetent, wertvoll und fähig betrachten, sind wir bereit, Herausforderungen anzunehmen und unsere Komfortzone zu verlassen. Das Vertrauen in die eigenen Fähigkeiten gibt uns den Mut, Risiken einzugehen und neue Wege zu beschreiten, die für unser Wachstum entscheidend sind. Menschen mit einem positiven Selbstbild sehen sich selbst als Gestalter ihres Lebens und sind überzeugt davon, dass sie ihre Ziele erreichen können, auch wenn Hindernisse auftreten. Diese innere Zuversicht ist oft der entscheidende Faktor, der zwischen Erfolg und Misserfolg unterscheidet.

Die Art und Weise, wie wir uns selbst sehen, beeinflusst nicht nur unsere Handlungen, sondern auch unsere Denkweise. Menschen mit einem positiven Selbstbild haben in der Regel eine optimistischere Einstellung und betrachten Rückschläge als Lernchancen. Sie sind bereit, aus Fehlern zu lernen und weiterzumachen, anstatt sich von Misserfolgen entmutigen zu lassen. Diese Denkweise, auch bekannt als „Wachstumsmentalität", ist ein Schlüsselfaktor für langfristigen Erfolg, da sie uns hilft, uns kontinuierlich zu verbessern und Herausforderungen mit Neugier und Offenheit zu begegnen. Ein positives Selbstbild fördert diese Wachstumsmentalität und ermutigt uns, an uns selbst zu glauben, selbst wenn die Umstände schwierig sind.

Ein negatives Selbstbild hingegen kann zu einer sogenannten „Selbstsabotage" führen. Wenn wir uns selbst ständig kritisieren und an unseren Fähigkeiten zweifeln, neigen wir dazu, uns unbewusst zu sabotieren, indem wir Gelegenheiten meiden oder uns nicht voll einsetzen. Diese negativen Überzeugungen können uns davon abhalten, unser Potenzial zu entfalten und die Schritte zu unternehmen, die nötig sind, um erfolgreich zu sein. Zum Beispiel könnte jemand, der sich selbst als „nicht gut genug" sieht, zögern, eine Beförderung anzustreben, selbst wenn er oder sie die nötigen Fähigkeiten besitzt. Ein negatives Selbstbild setzt uns Grenzen, die uns davon abhalten, über uns hinauszuwachsen und unser Bestes zu geben.

Das Selbstbild wirkt sich auch auf die Qualität unserer Beziehungen und die Art und Weise, wie wir mit anderen interagieren, aus. Menschen mit einem gesunden Selbstbild gehen mit Selbstvertrauen und Authentizität auf andere zu. Sie haben das Vertrauen, offen zu kommunizieren und ihre Bedürfnisse auszudrücken, was zu tieferen und erfüllenderen Beziehungen führt. Ein positives Selbstbild stärkt die emotionale Stabilität und hilft, uns von der Meinung anderer unabhängiger zu machen. Wir sind weniger anfällig für Kritik oder Ablehnung und können uns auf das konzentrieren, was uns wirklich wichtig ist. Dieses Selbstvertrauen in zwischenmenschlichen Beziehungen schafft ein unterstützendes Umfeld, das ebenfalls unseren Erfolg fördert.

Interessanterweise beeinflusst unser Selbstbild auch die Art und Weise, wie uns andere wahrnehmen. Wenn wir selbstbewusst auftreten und an uns glauben, spüren dies auch andere und begegnen uns mit mehr Respekt und Vertrauen. Dieses positive Bild, das wir von uns selbst nach außen tragen, kann berufliche und persönliche Türen öffnen und dazu beitragen, dass andere unsere Fähigkeiten und unser Potenzial erkennen. Ein starkes Selbstbild zieht Menschen an, die uns auf unserem Weg unterstützen und uns dabei helfen, unsere Ziele zu erreichen.

Ein positiver Selbstwert und Erfolg sind also eng miteinander verbunden. Doch wie entsteht ein positives Selbstbild? Es beginnt mit der inneren Überzeugung, dass wir wertvoll und fähig sind. Diese Überzeugung wird durch unsere Gedanken, Worte und Handlungen täglich genährt. Jeder kleine Erfolg, jede positive Selbstbestätigung und jede bewältigte Herausforderung stärkt das Vertrauen in uns selbst und unser Bild von dem, was wir erreichen können. Wenn wir lernen, unsere Erfolge bewusst wahrzunehmen und zu feiern, stärken wir unser Selbstbild und schaffen eine Grundlage, die uns bei größeren Zielen unterstützt.

Ein weiterer wichtiger Faktor ist das Selbstmitgefühl. Menschen mit einem positiven Selbstbild behandeln sich selbst mit Verständnis und Freundlichkeit, besonders in schwierigen Momenten. Anstatt sich selbst zu verurteilen, lernen sie, sich selbst wie einen guten Freund zu behandeln und sich nach einem Fehler oder einem Rückschlag zu ermutigen. Diese Fähigkeit, sich selbst Mitgefühl zu schenken, fördert ein stabiles und positives Selbstbild und hilft, emotionale Belastungen zu reduzieren. Wenn wir freundlich und geduldig mit uns selbst sind, fällt es uns leichter, aus Herausforderungen gestärkt hervorzugehen und weiterhin auf unsere Ziele hinzuarbeiten.

Ein starkes Selbstbild bedeutet auch, Verantwortung für das eigene Leben zu übernehmen. Menschen, die an sich glauben, erkennen, dass sie die Macht haben, ihre Lebensumstände zu beeinflussen. Sie übernehmen Verantwortung für ihre Entscheidungen und wissen, dass ihr Erfolg von ihrem eigenen Einsatz und ihrer Entschlossenheit abhängt. Diese Selbstverantwortung gibt uns die Freiheit, aktiv auf unsere Ziele hinzuarbeiten und die Ergebnisse unserer Handlungen bewusst zu gestalten. Ein positives Selbstbild erinnert uns daran, dass wir die Schöpfer unseres Lebens sind und dass unser Erfolg von unserem inneren Glauben an uns selbst abhängt.

Letztlich ist ein positives Selbstbild ein wesentlicher Bestandteil für langfristigen Erfolg und persönliches Wachstum. Es stärkt unsere mentale Resilienz, unser Vertrauen und unsere Fähigkeit, uns selbst treu zu bleiben, auch wenn das Leben herausfordernd wird. Indem wir unser Selbstbild bewusst pflegen und an uns selbst glauben, schaffen wir die Grundlage für ein erfülltes und erfolgreiches Leben. Dieses starke Selbstbild ist wie ein innerer Anker, der uns stabil hält und uns hilft, mit Zuversicht und Klarheit unseren eigenen Weg zu gehen.

2.Techniken, um Selbstwertgefühl und Selbstvertrauen zu stärken

Selbstwertgefühl und Selbstvertrauen sind wie innere Anker, die uns dabei helfen, selbstbewusst durchs Leben zu gehen, Herausforderungen anzunehmen und unsere Ziele zu erreichen. Doch oft kämpfen wir mit Selbstzweifeln und einem Gefühl, nicht gut genug zu sein. Die gute Nachricht ist, dass wir unser Selbstwertgefühl und Selbstvertrauen gezielt stärken können – mit Übungen, die uns dabei helfen, unsere innere Überzeugungskraft zu entwickeln und den Glauben an uns selbst zu festigen. Diese Techniken können Sie Schritt für Schritt in Ihren Alltag einbauen, um sich selbst in einem neuen Licht zu sehen und das Vertrauen in die eigenen Fähigkeiten zu steigern.

Eine der einfachsten und dennoch kraftvollsten Techniken, um Selbstwertgefühl und Selbstvertrauen aufzubauen, ist die Praxis der „positiven Selbstbestätigung". Unsere Gedanken haben einen großen Einfluss auf unser Selbstbild, und wenn wir uns regelmäßig sagen, dass wir fähig und wertvoll sind, beginnt unser Unterbewusstsein, diese Überzeugungen zu akzeptieren. Nehmen Sie sich jeden Morgen ein paar Minuten Zeit, um sich positive Sätze wie „Ich bin wertvoll und kompetent" oder „Ich glaube an mich und meine Fähigkeiten" laut zu sagen oder aufzuschreiben. Wiederholen Sie diese Affirmationen täglich, idealerweise vor dem Spiegel, und spüren Sie dabei die positive Energie, die sich in Ihnen ausbreitet. Diese Affirmationen helfen, negative Glaubenssätze zu ersetzen und eine kraftvolle innere Überzeugung zu entwickeln, die Sie durch den Tag begleitet.

Eine weitere Technik, die das Selbstwertgefühl stärken kann, ist das regelmäßige Feiern von kleinen Erfolgen. Oft sind wir darauf fokussiert, was uns noch fehlt oder was wir besser machen könnten, und vergessen dabei die vielen kleinen Erfolge, die wir bereits erzielt haben. Setzen Sie sich am Ende eines jeden Tages hin und notieren Sie sich mindestens drei Dinge, die Sie gut gemacht haben oder auf die Sie stolz sind. Das können kleine Errungenschaften sein, wie eine Aufgabe erfolgreich abgeschlossen oder sich selbst für eine Herausforderung überwunden zu haben. Diese Übung hilft Ihnen, den Fokus auf das Positive in Ihrem Leben zu lenken und sich selbst mehr Anerkennung zu geben. Mit der Zeit werden Sie feststellen, dass diese Wertschätzung für sich selbst Ihr Selbstwertgefühl spürbar stärkt.

Ein weiterer wichtiger Schritt, um Selbstvertrauen aufzubauen, ist das Überwinden von Komfortzonen. Oft sind wir dazu geneigt, uns in unserem gewohnten Umfeld aufzuhalten, weil wir uns dort sicher fühlen. Doch Selbstvertrauen entsteht, wenn wir uns trauen, Neues auszuprobieren und unsere eigenen Grenzen zu erweitern. Setzen Sie sich ein kleines Ziel, das außerhalb Ihrer Komfortzone liegt – vielleicht ein Gespräch mit einer fremden Person beginnen, eine neue Fähigkeit erlernen oder eine ungewohnte Aktivität ausprobieren. Diese Erfahrung mag anfangs unangenehm sein, doch jedes Mal, wenn Sie eine Komfortzone überwinden, stärken Sie Ihr Vertrauen in Ihre Fähigkeiten. Das Gefühl, eine Herausforderung gemeistert zu haben, gibt Ihnen ein starkes Erfolgsgefühl, das sich positiv auf Ihr Selbstvertrauen auswirkt.

Eine weitere Technik, die Sie in Ihren Alltag integrieren können, ist das „Visualisieren des idealen Selbst". Nehmen Sie sich einen ruhigen Moment, schließen Sie die Augen und stellen Sie sich vor, wie Sie in Ihrer idealen, selbstbewussten Version aussehen und handeln. Sehen Sie sich selbst als eine Person, die mit Selbstvertrauen durchs Leben geht, Herausforderungen annimmt und ihre Ziele erreicht. Spüren Sie, wie sich das Selbstbewusstsein in Ihrem Körper und Geist anfühlt. Diese Visualisierung hilft Ihnen, das Bild eines starken und selbstsicheren Selbst zu entwickeln und diese positive Einstellung Schritt für Schritt in den Alltag zu integrieren. Wenn Sie regelmäßig in diese Visualisierung eintauchen, wird das Selbstbewusstsein, das Sie sich vorstellen, nach und nach zu einem Teil Ihres wirklichen Selbst.

Selbstmitgefühl zu praktizieren ist eine weitere wirksame Methode, um Selbstwertgefühl aufzubauen. Oft sind wir uns selbst gegenüber viel kritischer und strenger als gegenüber anderen. Wenn wir einen Fehler machen, neigen wir dazu, uns selbst zu verurteilen und uns das Gefühl zu geben, nicht gut genug zu sein. Lernen Sie, in solchen Momenten freundlich und mitfühlend zu sich selbst zu sein – so, wie Sie es bei einem guten Freund tun würden. Sagen Sie sich in schwierigen Situationen: „Es ist okay, Fehler zu machen. Ich lerne und wachse." Dieses Selbstmitgefühl hilft, die Selbstkritik zu reduzieren und sich selbst mit Verständnis und Akzeptanz zu begegnen. Mit der Zeit stärkt diese Haltung das Selbstwertgefühl, da Sie sich selbst als wertvoll und liebenswert betrachten.

Auch das Setzen und Erreichen realistischer Ziele spielt eine wichtige

Rolle im Aufbau von Selbstvertrauen. Menschen, die klare, erreichbare Ziele setzen und konsequent darauf hinarbeiten, erleben regelmäßig Erfolgserlebnisse, die das Selbstvertrauen stärken. Setzen Sie sich ein realistisches Ziel, das in kleine Schritte unterteilt ist, und verfolgen Sie jeden Schritt mit Engagement. Jedes Mal, wenn Sie ein Etappenziel erreichen, fühlen Sie sich bestärkt und erleben, dass Sie Ihre Ziele aus eigener Kraft verwirklichen können. Dieses Gefühl des Erfolgs verankert sich in Ihrem Selbstbild und fördert die Überzeugung, dass Sie auch größere Herausforderungen bewältigen können.

Eine weitere wertvolle Technik ist das „Reflektieren der eigenen Stärken und Erfolge". Oft neigen wir dazu, unsere Stärken zu übersehen oder uns auf unsere Schwächen zu konzentrieren. Nehmen Sie sich regelmäßig Zeit, um über Ihre Stärken und Erfolge nachzudenken. Schreiben Sie eine Liste mit Ihren besten Eigenschaften und Fähigkeiten und ergänzen Sie sie immer wieder. Sehen Sie sich die Liste an, wenn Sie das Gefühl haben, unsicher zu sein oder an sich zu zweifeln. Diese Erinnerung an Ihre Stärken hilft Ihnen, das Vertrauen in sich selbst zu festigen und sich auf das Positive zu konzentrieren, anstatt sich von Selbstzweifeln herunterziehen zu lassen.

Schließlich ist es wichtig, die eigene Meinung und die eigenen Bedürfnisse ernst zu nehmen und zu respektieren. Menschen mit starkem Selbstwertgefühl und Selbstvertrauen wissen, dass ihre Meinungen und Bedürfnisse ebenso wichtig sind wie die anderer. Lernen Sie, „Nein" zu sagen, wenn etwas Ihren Werten oder Zielen widerspricht, und sich für das einzusetzen, was Ihnen wichtig ist. Diese Selbstbehauptung gibt Ihnen das Gefühl, die Kontrolle über Ihr Leben zu haben, und stärkt Ihr Vertrauen in Ihre Entscheidungen und Ihre Fähigkeit, für sich selbst einzustehen.

Selbstwertgefühl und Selbstvertrauen sind wie ein innerer Schutzschild, der uns hilft, uns selbst zu vertrauen und unseren Weg mit Entschlossenheit zu gehen. Indem Sie diese Techniken in Ihren Alltag integrieren, entwickeln Sie eine positive, stabile innere Überzeugung, die Sie dabei unterstützt, Ihre Ziele zu erreichen und Herausforderungen mit Zuversicht zu meistern. Jeder kleine Schritt stärkt das Vertrauen in sich selbst und führt Sie näher zu einem erfüllten und selbstbestimmten Leben.

3. Selbstkritik und einschränkende Gedanken überwinden

Selbstkritik und einschränkende Gedanken sind wie unsichtbare Fesseln, die uns daran hindern, unser volles Potenzial auszuschöpfen und ein erfülltes Leben zu führen. Oftmals bemerken wir gar nicht, wie tief diese negativen Überzeugungen in unserem Geist verwurzelt sind und wie sehr sie unsere Entscheidungen, unser Selbstbild und letztlich auch unseren Erfolg beeinflussen. Diese kritischen Stimmen und

Glaubenssätze haben sich im Laufe der Jahre entwickelt, doch die gute Nachricht ist: Wir können lernen, sie zu erkennen, zu hinterfragen und schließlich zu überwinden. Der Prozess mag nicht immer einfach sein, aber er ist lohnend und führt zu einem befreienden Gefühl von Selbstakzeptanz und innerer Stärke.

Ein erster Schritt, um Selbstkritik zu überwinden, ist das Bewusstwerden dieser Gedankenmuster. Häufig laufen negative Gedanken unbewusst ab und beeinflussen uns, ohne dass wir es merken. Nehmen Sie sich bewusst Zeit, um innezuhalten und Ihre Gedanken zu beobachten. Wann neigen Sie dazu, sich selbst zu kritisieren? In welchen Situationen tauchen einschränkende Gedanken auf? Indem Sie diese Momente erkennen, gewinnen Sie die Kontrolle über Ihre Gedanken und beginnen, sich von ihrer Macht zu lösen. Notieren Sie diese kritischen Gedanken, um ein Gefühl dafür zu bekommen, wie häufig und in welcher Form sie auftauchen. Diese Achtsamkeit ist ein wichtiger erster Schritt, um die Selbstkritik zu durchbrechen und eine positive Veränderung einzuleiten.

Nachdem Sie Ihre einschränkenden Gedanken erkannt haben, besteht der nächste Schritt darin, diese Gedanken zu hinterfragen und ihre Gültigkeit zu überprüfen. Oftmals sind die kritischen Stimmen in unserem Kopf übertrieben oder schlichtweg falsch, doch wir akzeptieren sie als Wahrheit, weil sie vertraut sind. Fragen Sie sich bei jedem negativen Gedanken: „Ist das wirklich wahr?" oder „Gibt es Beweise, die diesen Gedanken stützen?" Vielleicht stellen Sie fest, dass viele Ihrer kritischen Gedanken auf alten Erfahrungen oder Ängsten basieren und heute nicht mehr der Realität entsprechen. Dieses bewusste Hinterfragen hilft Ihnen, sich von veralteten Überzeugungen zu lösen und eine realistischere und freundlichere Sicht auf sich selbst zu entwickeln.

Eine weitere wirksame Technik ist das Ersetzen negativer Gedanken durch positive, unterstützende Überzeugungen. Statt sich auf das zu konzentrieren, was Sie vermeintlich nicht gut können oder wo Sie glauben, zu versagen, richten Sie Ihre Aufmerksamkeit auf Ihre Stärken und Erfolge. Wenn Sie beispielsweise den Gedanken „Ich bin nicht gut genug" verspüren, ersetzen Sie ihn durch einen positiven Satz wie „Ich bin fähig und wachse mit jeder Erfahrung". Wiederholen Sie diese positiven Affirmationen regelmäßig, am besten laut oder schriftlich, um sie in Ihrem Unterbewusstsein zu verankern. Mit der Zeit werden Sie feststellen, dass sich Ihr innerer Dialog verändert und Sie beginnen, sich selbst mit mehr Wertschätzung und Vertrauen zu begegnen.

Auch die Technik des „realistischen Perspektivwechsels" kann dabei helfen, Selbstkritik zu überwinden. Oftmals sind wir uns selbst gegenüber viel härter und strenger als gegenüber anderen. Fragen Sie sich: „Würde ich dieselbe Kritik an einen Freund richten, wenn er in meiner Situation wäre?" oder „Was würde ich zu einem geliebten Menschen sagen, der sich so fühlt wie ich jetzt?" Diese Übung hilft, einen liebevollen und objektiveren Blick auf sich selbst zu entwickeln und sich mit mehr Mitgefühl zu betrachten. Der Perspektivwechsel bringt uns dazu, unser eigenes Verhalten und unsere Erwartungen an uns selbst zu relativieren und zu erkennen, dass wir oft viel zu streng mit uns selbst sind.

Ein weiterer wichtiger Schritt auf dem Weg zur Überwindung von Selbstkritik ist das Praktizieren von Selbstmitgefühl. Selbstmitgefühl bedeutet, sich selbst mit der gleichen Freundlichkeit und Fürsorge zu behandeln, die wir einem guten Freund entgegenbringen würden. Wenn wir Fehler machen oder uns unsicher fühlen, ist es hilfreich, uns daran zu erinnern, dass wir Menschen sind und dass es normal ist, nicht immer perfekt zu sein. Sagen Sie sich in solchen Momenten bewusst: „Es ist in Ordnung, Fehler zu machen. Ich lerne und wachse daran." Selbstmitgefühl mindert die Härte der Selbstkritik und schafft Raum für Vergebung und Akzeptanz.

Eine weitere wirkungsvolle Methode ist das Führen eines „positiven Tagebuchs", in dem Sie regelmäßig Ihre Erfolge und positiven Eigenschaften festhalten. Jeden Abend können Sie sich ein paar Minuten Zeit nehmen, um drei Dinge aufzuschreiben, die Sie gut gemacht haben oder die Ihnen an sich selbst gefallen. Diese Übung hilft, die Aufmerksamkeit auf das Positive zu lenken und Ihr Selbstwertgefühl zu stärken. Wenn Sie an einem Tag besonders stark von Selbstkritik geplagt sind, können Sie dieses Tagebuch zur Hand nehmen und sich an die guten Dinge erinnern, die Sie ausmachen. Das Lesen Ihrer positiven Erlebnisse und Eigenschaften gibt Ihnen Kraft und hilft, die negativen Gedanken in ein freundlicheres Licht zu rücken.

Auch das Visualisieren eines liebevollen und unterstützenden inneren Begleiters kann helfen, Selbstkritik zu überwinden. Stellen Sie sich vor, dass in Ihrem Inneren eine Figur existiert – ein weiser und freundlicher Mentor, der Sie bedingungslos unterstützt und an Sie glaubt. Wann immer kritische Gedanken auftauchen, können Sie sich diesen inneren Begleiter vorstellen und fragen, was er Ihnen in diesem Moment sagen würde. Vielleicht hören Sie Worte der Ermutigung und Unterstützung, die Ihnen helfen, sich selbst in einem positiveren Licht zu sehen. Diese Visualisierung kann Ihnen das Gefühl geben, dass Sie nicht allein sind und dass es eine innere Quelle der Kraft und Unterstützung gibt, auf die Sie jederzeit zurückgreifen können.

Das Loslassen vergangener Fehler und das Erkennen von Wachstumschancen sind ebenfalls wichtige Schritte zur Überwindung von Selbstkritik. Oft neigen wir dazu, uns selbst für vergangene Fehler zu verurteilen und uns in Gedanken darüber zu verlieren, was wir hätten anders machen können. Doch jeder Fehler ist eine Chance zum Lernen und Wachsen. Fragen Sie sich: „Was habe ich aus dieser Erfahrung gelernt?" oder „Wie hat mich dieser Fehler stärker gemacht?" Diese Reflexion hilft, die kritischen Gedanken in etwas Positives zu verwandeln und die Selbstakzeptanz zu stärken. Statt sich für Fehler zu verurteilen, können Sie beginnen, sie als wertvolle Lektionen zu sehen, die Sie auf

Ihrem Weg begleiten.

Abschließend ist es hilfreich, sich daran zu erinnern, dass Selbstkritik und einschränkende Gedanken Teil des menschlichen Geistes sind und dass wir lernen können, mit ihnen umzugehen, anstatt sie zu verdrängen oder zu ignorieren. Der Prozess, diese Gedanken zu überwinden, erfordert Geduld und die Bereitschaft, sich selbst freundlich und liebevoll zu begegnen. Doch je mehr wir üben, desto leichter fällt es, die negativen Stimmen im Kopf zu erkennen, zu hinterfragen und durch positive Überzeugungen zu ersetzen. Mit der Zeit wird sich ein innerer Dialog entwickeln, der uns ermutigt, unterstützt und uns hilft, mit Zuversicht und Selbstakzeptanz durchs Leben zu gehen.

4. Die Bedeutung, sein eigener bester Freund zu sein

In einer Welt, die oft von äußeren Erwartungen und gesellschaftlichen Normen geprägt ist, vergessen wir leicht, wie wichtig es ist, uns selbst mit Freundlichkeit und Verständnis zu begegnen. Wir bemühen uns, für andere da zu sein, ihre Bedürfnisse zu erfüllen und ein guter Freund, Partner oder Kollege zu sein. Doch wie oft nehmen wir uns die Zeit, um unser eigener bester Freund zu sein? Die Beziehung zu uns selbst ist die längste und wichtigste Beziehung, die wir je haben werden. Sie bildet das Fundament für unser Wohlbefinden, unsere Zufriedenheit und unseren Erfolg im Leben. Wenn wir lernen, uns selbst so zu behandeln, wie wir einen geliebten Freund behandeln würden, öffnen wir die Tür zu einem erfüllteren und glücklicheren Leben.

Der erste Schritt, um sein eigener bester Freund zu werden, besteht darin, sich selbst mit Mitgefühl zu begegnen. Jeder von uns erlebt Höhen und Tiefen, macht Fehler und stößt auf Hindernisse. In solchen Momenten neigen wir oft dazu, uns selbst zu kritisieren und hart mit uns ins Gericht zu gehen. Stellen Sie sich vor, ein guter Freund würde Ihnen von einem Fehler erzählen, den er gemacht hat. Würden Sie ihn verurteilen, oder würden Sie ihm Trost und Verständnis anbieten? Wahrscheinlich Letzteres. Warum also nicht auch sich selbst diese Güte entgegenbringen? Selbstmitgefühl bedeutet, sich in schwierigen Zeiten liebevoll zu unterstützen und anzuerkennen, dass Fehler zum menschlichen Dasein dazugehören. Diese Haltung hilft uns, uns selbst zu akzeptieren und stärkt unser emotionales Wohlbefinden.

Ein weiterer wichtiger Aspekt ist die Selbstakzeptanz. Wir alle haben Stärken und Schwächen, Talente und Bereiche, in denen wir uns verbessern können. Sein eigener bester Freund zu sein bedeutet, sich selbst vollständig anzunehmen – mit all den Facetten, die uns ausmachen. Das heißt nicht, dass wir nicht wachsen oder uns weiterentwickeln möchten, sondern dass wir uns selbst wertschätzen, so wie wir sind. Diese Akzeptanz schafft ein Gefühl der inneren Ruhe und Zufriedenheit, das uns ermöglicht, authentisch zu leben und unsere

Einzigartigkeit zu feiern. Wenn wir uns selbst annehmen, fällt es uns leichter, auch von anderen akzeptiert zu werden und echte Verbindungen aufzubauen.

Die Pflege der eigenen Bedürfnisse ist ebenfalls ein zentraler Bestandteil, um sein eigener bester Freund zu sein. Im Alltag vergessen wir oft, auf uns selbst zu achten, insbesondere wenn wir viele Verantwortungen tragen oder uns um andere kümmern. Doch Selbstfürsorge ist kein Egoismus, sondern eine Notwendigkeit, um gesund und glücklich zu bleiben. Nehmen Sie sich regelmäßig Zeit für Dinge, die Ihnen Freude bereiten und Ihnen Energie geben – sei es ein Spaziergang in der Natur, das Lesen eines guten Buches oder einfach ein Moment der Ruhe. Indem Sie auf Ihre körperlichen und emotionalen Bedürfnisse achten, zeigen Sie sich selbst Wertschätzung und stärken Ihr Wohlbefinden. Diese Selbstfürsorge ermöglicht es Ihnen auch, anderen besser zur Seite zu stehen, da Sie aus einer Quelle der Fülle und nicht des Mangels schöpfen.

Ein weiterer Schritt auf dem Weg, sein eigener bester Freund zu werden, ist das Setzen gesunder Grenzen. Oft sagen wir „Ja", obwohl wir „Nein" meinen, aus Angst vor Ablehnung oder dem Wunsch, anderen zu gefallen. Doch jedes Mal, wenn wir unsere eigenen Grenzen überschreiten, verlieren wir ein Stück von uns selbst und fühlen uns möglicherweise ausgelaugt oder frustriert. Lernen Sie, auf Ihre inneren Signale zu hören und klar zu kommunizieren, was für Sie akzeptabel ist und was nicht. Das Setzen von Grenzen ist ein Akt der Selbstachtung und zeigt, dass Sie Ihre eigenen Bedürfnisse ernst nehmen. Es erlaubt Ihnen, Beziehungen auf Augenhöhe zu führen und sich selbst treu zu bleiben.

Positive Selbstgespräche sind ein weiterer wichtiger Faktor. Die Art und Weise, wie wir mit uns selbst sprechen, beeinflusst unser Selbstbild und unser emotionales Wohlbefinden maßgeblich. Wenn wir uns ständig kritisieren oder abwerten, schwächen wir unser Selbstvertrauen und fühlen uns entmutigt. Versuchen Sie stattdessen, sich selbst ermutigende und unterstützende Worte zuzusprechen. Wenn Sie vor einer Herausforderung stehen, sagen Sie sich: „Ich schaffe das" oder „Ich glaube an mich". Diese positiven Affirmationen stärken Ihr inneres Selbst und helfen Ihnen, mit mehr Zuversicht durchs Leben zu gehen. Denken Sie daran, dass Sie Ihr bester Motivator sein können, wenn Sie sich selbst mit Freundlichkeit und Respekt behandeln.

Auch das Vergeben spielt eine wichtige Rolle. Sowohl das Vergeben gegenüber anderen als auch gegenüber sich selbst. Wir alle haben schon einmal Fehler gemacht oder Entscheidungen getroffen, die wir im Nachhinein bereuen. Doch an dieser Reue festzuhalten, hindert uns daran, vorwärts zu gehen und glücklich zu sein. Seien Sie bereit, sich selbst für vergangene Fehler zu vergeben und daraus zu lernen. Sehen Sie Fehler als Gelegenheit zum Wachstum und nicht als endgültiges Urteil über Ihren Wert. Diese Vergebung schenkt Ihnen Frieden und ermöglicht es Ihnen, mit Leichtigkeit und Offenheit in die Zukunft zu blicken.

Sein eigener bester Freund zu sein bedeutet auch, sich selbst zu ermutigen und zu unterstützen. Feiern Sie Ihre Erfolge, egal wie klein sie erscheinen mögen. Erkennen Sie Ihre Fortschritte an und seien Sie stolz auf das, was Sie erreicht haben. Wenn Sie vor Herausforderungen stehen, erinnern Sie sich an frühere Situationen, in denen Sie erfolgreich waren, und nutzen Sie diese Erfahrungen als Quelle der Inspiration. Diese Selbstunterstützung stärkt Ihr Selbstvertrauen und gibt Ihnen die Kraft, neue Ziele zu verfolgen und Hindernisse zu überwinden.

Schließlich ist es wichtig, sich selbst zu erlauben, authentisch zu sein. Oft passen wir uns den Erwartungen anderer an oder verstellen uns, um dazuzugehören. Doch wahres Glück entsteht, wenn wir uns erlauben, unser wahres Selbst auszudrücken und unseren eigenen Weg zu gehen. Seien Sie mutig und stehen Sie zu Ihren Werten, Überzeugungen und Leidenschaften. Indem Sie sich selbst treu bleiben, ehren Sie Ihre Einzigartigkeit und leben ein Leben, das wirklich zu Ihnen passt. Diese Authentizität zieht Menschen und Erfahrungen an, die mit Ihrem wahren Selbst in Einklang stehen, und bereichert Ihr Leben auf tiefgreifende Weise.

Die Bedeutung, sein eigener bester Freund zu sein, liegt darin, dass wir die Beziehung zu uns selbst als Fundament für alle anderen Beziehungen und Erfahrungen im Leben erkennen. Wenn wir uns selbst mit Liebe, Respekt und Verständnis begegnen, schaffen wir eine stabile Basis, die uns durch alle Höhen und Tiefen trägt. Wir werden widerstandsfähiger, glücklicher und erfüllter. Indem wir unser eigener bester Freund sind, schenken wir uns selbst das größte Geschenk: die Fähigkeit, uns selbst zu lieben und ein Leben zu führen, das unserer wahren Natur entspricht.

Kapitel 8: Beziehungen mit einer positiven Einstellung gestalten

1. Die Auswirkungen positiven Denkens auf Beziehungen

Positives Denken hat eine erstaunliche Kraft, die weit über die persönliche Lebenszufriedenheit hinausgeht. Es beeinflusst auch, wie wir Beziehungen erleben und gestalten. Beziehungen sind ein wesentlicher Bestandteil unseres Lebens, und die Art und Weise, wie wir über uns selbst und andere denken, prägt die Qualität dieser Verbindungen maßgeblich. Menschen mit einer positiven Einstellung sind oft nicht nur zufriedener, sondern schaffen auch eine Atmosphäre, in der Vertrauen, Empathie und gegenseitige Unterstützung gedeihen. Doch wie genau wirkt sich positives Denken auf Beziehungen aus und warum spielt es eine so entscheidende Rolle?

Der erste wichtige Aspekt ist die Ausstrahlung von Zuversicht und Optimismus. Wenn wir eine positive Einstellung haben, wirkt sich das auch auf unsere zwischenmenschlichen Interaktionen aus. Wir gehen offener auf andere zu, zeigen Interesse und sind bereit, Verständnis zu zeigen. Diese Offenheit schafft eine angenehme Atmosphäre, in der sich unser Gegenüber wohl und akzeptiert fühlt. Menschen, die positiv denken, werden oft als zugänglicher und einladender wahrgenommen, was Beziehungen stärkt und neue Verbindungen fördert. Positives Denken öffnet das Herz und erleichtert es anderen, Vertrauen zu uns zu fassen und sich uns anzuvertrauen.

Ein weiterer entscheidender Einfluss des positiven Denkens auf Beziehungen ist die Fähigkeit, Konflikte konstruktiv zu lösen. In jeder Beziehung – sei es zu Freunden, Familie oder Partnern – treten Meinungsverschiedenheiten und Missverständnisse auf. Menschen mit einer positiven Einstellung sind jedoch eher in der Lage, solche Situationen mit Ruhe und Verständnis anzugehen. Statt sich auf die Probleme zu fixieren, suchen sie nach Lösungen und lernen, sich in die Lage des anderen zu versetzen. Diese konstruktive Herangehensweise an Konflikte mindert Spannungen und führt oft zu einer Stärkung der Beziehung. Wenn beide Seiten das Gefühl haben, dass ihre Gefühle und Ansichten respektiert werden, kann aus einem Konflikt sogar ein neues gegenseitiges Verständnis wachsen.

Positives Denken fördert auch das Geben und Empfangen von Wertschätzung. In einer Beziehung ist es wichtig, dass beide Seiten sich gesehen und geschätzt fühlen. Menschen, die positiv denken, haben ein natürliches Talent, die Stärken und positiven Eigenschaften ihres Gegenübers wahrzunehmen und anzuerkennen. Diese Anerkennung stärkt das Selbstwertgefühl des anderen und schafft eine Atmosphäre der Unterstützung und des Respekts. Es ist erstaunlich, wie viel eine einfache Geste der Wertschätzung bewirken kann – ein freundliches Wort, ein ehrlich gemeintes Kompliment oder ein Dankeschön reichen oft aus, um die Verbindung zu vertiefen und dem anderen das Gefühl zu geben, wichtig und wertvoll zu sein.

Ein positiver Denkansatz beeinflusst auch die Kommunikation in Beziehungen. Menschen, die positiv denken, neigen dazu, ihre Worte sorgfältiger zu wählen und konstruktiv zu kommunizieren. Sie wissen, dass Worte eine starke Wirkung haben können und setzen sie gezielt ein, um anderen Mut zu machen oder Konflikte zu vermeiden. Eine positive Kommunikation schafft ein Fundament des Vertrauens und fördert die Bereitschaft, offen und ehrlich miteinander zu sprechen. Wenn wir uns darauf konzentrieren, das Gute im anderen zu sehen und zu betonen, führt dies zu einer offenen und liebevollen Interaktion, die auch in schwierigen Zeiten Bestand hat.

Darüber hinaus hilft positives Denken dabei, Empathie und Mitgefühl zu entwickeln. Menschen mit einer positiven Einstellung sind oft offener dafür, die Gefühle und Bedürfnisse anderer zu verstehen. Sie können sich leichter in andere hineinversetzen und reagieren mitfühlender auf deren Probleme. Dieses Einfühlungsvermögen stärkt die Bindung und vermittelt dem Gegenüber das Gefühl, verstanden und unterstützt zu werden. Empathie ist eine der Grundpfeiler einer stabilen Beziehung, und positives Denken fördert diese Eigenschaft, indem es uns dazu bringt, die Welt mit einer freundlicheren und verständnisvolleren Perspektive zu betrachten.

Ein weiterer wichtiger Effekt des positiven Denkens auf Beziehungen ist die Förderung von Vergebung und Loslassen. Niemand ist perfekt, und in jeder Beziehung passieren Fehler oder Missverständnisse. Menschen, die positiv denken, sind eher bereit, solche Fehler zu vergeben und die Vergangenheit hinter sich zu lassen. Sie halten nicht an Groll fest, sondern betrachten Fehler als Lernchancen. Diese Fähigkeit, zu vergeben, schafft eine Umgebung der emotionalen Sicherheit, in der sich beide Seiten entspannen und authentisch sein können. Vergebung baut Brücken und lässt Beziehungen wachsen, da beide Seiten wissen, dass sie auch in schwierigen Zeiten aufeinander zählen können.

Positives Denken stärkt zudem das Vertrauen in der Beziehung. Wenn wir mit Zuversicht und Vertrauen an unsere Mitmenschen herantreten, schaffen wir eine Basis des Vertrauens, die jede Beziehung vertieft. Menschen, die positiv denken, sind sich ihrer eigenen Stärken und Schwächen bewusst und können daher anderen mit einem stabilen Selbstbewusstsein begegnen. Sie projizieren keine Unsicherheit oder Zweifel auf andere, sondern bringen ein Gefühl der Stabilität und Sicherheit in die Beziehung. Dieses Vertrauen ist die Grundlage für eine Beziehung, die auf Ehrlichkeit, Offenheit und Respekt basiert.

Eine weitere Bereicherung, die positives Denken in Beziehungen mit sich bringt, ist die Bereitschaft, gemeinsam zu wachsen. Menschen mit einer positiven Einstellung sind motiviert, sowohl sich selbst als auch ihre Beziehungen weiterzuentwickeln. Sie sehen das Potenzial für

Wachstum und Veränderung und unterstützen ihre Partner oder Freunde dabei, die beste Version ihrer selbst zu werden. Diese gegenseitige Unterstützung und der Wunsch nach persönlicher Weiterentwicklung fördern eine dynamische, lebendige Beziehung, die sich stets weiterentwickelt und an Tiefe gewinnt.

Letztlich ist positives Denken in Beziehungen wie eine Art emotionaler Katalysator, der das Beste aus beiden Seiten herausholt. Es ermöglicht uns, unseren Mitmenschen mit Offenheit, Verständnis und Respekt zu begegnen und Beziehungen zu schaffen, die auf Vertrauen und emotionaler Verbundenheit basieren. Diese Verbindungen geben uns die Kraft, Herausforderungen gemeinsam zu bewältigen und das Leben mit all seinen Höhen und Tiefen zu genießen. Positives Denken stärkt die Basis unserer Beziehungen und macht sie zu einem bereichernden Teil unseres Lebens – einem Ort, an dem wir uns verstanden, unterstützt und wertgeschätzt fühlen.

2. Empathische und konstruktive Kommunikation fördern

Empathische und konstruktive Kommunikation ist das Herz jeder Beziehung. Sie schafft eine Grundlage des Verständnisses, der Unterstützung und des gegenseitigen Respekts. Doch oft lassen wir uns in Gesprächen von unseren eigenen Emotionen und Meinungen leiten, ohne wirklich auf die Perspektive des anderen einzugehen. Die Fähigkeit, empathisch und konstruktiv zu kommunizieren, kann jedoch trainiert und in unser tägliches Leben integriert werden. Eine solche Art der Kommunikation stärkt Beziehungen, baut Missverständnisse ab und fördert eine Atmosphäre des Vertrauens. Doch wie schaffen wir es, in unseren Gesprächen Empathie und Konstruktivität zu fördern?

Der erste Schritt besteht darin, aktives Zuhören zu üben. Aktiv zuzuhören bedeutet, dass wir uns ganz auf unser Gegenüber konzentrieren und wirklich verstehen wollen, was er oder sie sagt. Statt uns bereits auf eine Antwort vorzubereiten oder unsere eigenen Gedanken im Kopf zu formulieren, sollten wir versuchen, uns auf die Worte, den Tonfall und die Körpersprache unseres Gesprächspartners zu konzentrieren. Diese Art des Zuhörens erfordert Geduld und Hingabe, vermittelt aber dem anderen das Gefühl, wirklich gehört und verstanden zu werden. Menschen fühlen sich wertgeschätzt und respektiert, wenn sie merken, dass wir uns Zeit nehmen, ihnen zuzuhören. Aktiv zuzuhören ist die Basis für jede empathische Kommunikation.

Eine weitere wichtige Technik zur Förderung empathischer Kommunikation ist das „Paraphrasieren" – also das Wiederholen und Zusammenfassen dessen, was der andere gesagt hat, um sicherzustellen, dass wir ihn richtig verstanden haben. Dies kann zum Beispiel so aussehen: „Wenn ich dich richtig verstehe, fühlst du dich überlastet, weil du zu viele Aufgaben auf einmal erledigen musst." Diese Technik zeigt, dass wir nicht nur aufmerksam zuhören, sondern auch versuchen, die Gedanken und Gefühle des anderen zu verstehen. Paraphrasieren verhindert Missverständnisse und gibt dem Gesprächspartner die Möglichkeit, seine Aussagen zu bestätigen oder zu präzisieren.

Ein weiterer wertvoller Aspekt empathischer Kommunikation ist das Einfühlen in die Emotionen des anderen. Empathisch zu kommunizieren bedeutet nicht nur, die Worte des anderen zu hören, sondern auch zu versuchen, seine Gefühle nachzuvollziehen. Fragen Sie sich: „Wie fühlt sich mein Gegenüber in diesem Moment?" oder „Warum könnte er oder sie so reagieren?" Diese empathische Haltung hilft uns, Mitgefühl zu entwickeln und eine tiefere Verbindung herzustellen. Sie ermöglicht es uns, in Konfliktsituationen ruhiger und verständnisvoller zu reagieren und das Gespräch auf eine respektvolle Weise fortzuführen.

Konstruktive Kommunikation ist eng mit der Fähigkeit verbunden, Ich-Botschaften zu verwenden. Anstatt den anderen mit Vorwürfen oder Kritik zu konfrontieren, sollten wir unsere eigenen Gefühle und Bedürfnisse offen und ehrlich ausdrücken. Zum Beispiel könnte man statt „Du hörst mir nie zu" sagen: „Ich fühle mich oft übergangen, wenn ich den Eindruck habe, dass meine Worte nicht gehört werden." Diese Formulierung vermeidet Angriffe und ermöglicht dem Gesprächspartner, unsere Perspektive zu verstehen, ohne sich angegriffen zu fühlen. Ich-Botschaften tragen dazu bei, eine Atmosphäre des Respekts und des gegenseitigen Verständnisses zu schaffen.

Ein weiterer Schritt zur Förderung konstruktiver Kommunikation ist das Vermeiden von Verallgemeinerungen. Aussagen wie „Du machst immer..." oder „Nie hörst du mir zu" verstärken negative Emotionen und blockieren das Gespräch. Stattdessen können wir konkrete Beispiele nennen und uns auf das aktuelle Problem konzentrieren, ohne dabei alte Konflikte oder vergangene Fehler einzubeziehen. Konstruktive Kommunikation bedeutet, auf eine Lösung hinzuarbeiten und nicht, Schuld oder Kritik zu verteilen. Wenn wir lernen, präzise und auf das Thema bezogen zu kommunizieren, bleibt die Atmosphäre offen für Dialog und Verständnis.

Geduld ist ein weiterer wichtiger Faktor für empathische Kommunikation. Es kann schwierig sein, die eigenen Emotionen zu kontrollieren und ruhig zu bleiben, wenn wir das Gefühl haben, missverstanden oder ungerecht behandelt zu werden. Doch indem wir uns selbst Raum geben, tief durchzuatmen und die Gedanken zu sortieren, können wir verhindern, dass impulsive Reaktionen das Gespräch negativ beeinflussen. Geduld zu zeigen bedeutet auch, dem anderen die Zeit zu lassen, seine Gedanken und Gefühle zu ordnen, ohne Druck oder Drängen. Diese Geduld schafft eine Atmosphäre der Sicherheit, in der beide Seiten ihre Meinungen ehrlich und ohne Angst vor Verurteilung äußern können.

Auch das Stellen offener Fragen ist ein wertvolles Mittel, um eine empathische und konstruktive Kommunikation zu fördern. Anstatt mit

Ja- oder Nein-Fragen ein Gespräch zu blockieren, können offene Fragen dazu beitragen, das Gespräch zu vertiefen und das Verständnis zu erweitern. Fragen wie „Wie fühlst du dich in dieser Situation?" oder „Was würde dir helfen, dich besser zu fühlen?" ermöglichen es dem anderen, seine Perspektive und seine Bedürfnisse ausführlich zu schildern. Diese Offenheit hilft, die tieferliegenden Anliegen zu erkennen und die Beziehung zu stärken, indem wir zeigen, dass uns die Gefühle und Wünsche des anderen wirklich wichtig sind.

Ein weiterer hilfreicher Aspekt ist das Verständnis dafür, dass jeder Mensch seine eigene Sichtweise und Realität hat. Empathische Kommunikation bedeutet, zu akzeptieren, dass die Wahrnehmung des anderen anders sein kann als die eigene. Anstatt darauf zu bestehen, dass wir „richtig" liegen, ist es hilfreich, die Perspektive des anderen als ebenso gültig zu betrachten. Diese Offenheit ermöglicht es uns, in einen echten Dialog zu treten, bei dem beide Seiten gehört und respektiert werden. Wenn wir bereit sind, die Perspektive des anderen anzunehmen, schaffen wir eine Atmosphäre des Verständnisses, die das Gespräch auf eine konstruktive Ebene hebt.

Abschließend ist es wichtig, Empathie und Konstruktivität als fortlaufenden Prozess zu betrachten, der Geduld und Übung erfordert. Empathische Kommunikation ist keine Fähigkeit, die über Nacht entwickelt wird, sondern ein Weg, der uns erlaubt, tiefergehende und respektvolle Beziehungen aufzubauen. Indem wir uns bemühen, mitfühlend zuzuhören, offen zu kommunizieren und die Perspektive des anderen zu respektieren, schaffen wir eine Grundlage für eine harmonische und unterstützende Beziehung. Diese Art der Kommunikation bereichert nicht nur unser eigenes Leben, sondern fördert auch das Wachstum und das Wohlbefinden der Menschen um uns herum. Empathische und konstruktive Kommunikation sind wie Brücken, die uns helfen, die Distanz zwischen verschiedenen Perspektiven und Gefühlen zu überbrücken und echte, erfüllende Verbindungen aufzubauen.

3.Giftige Beziehungen erkennen und vermeiden

Giftige Beziehungen sind Verbindungen, die unser Wohlbefinden, unsere Selbstachtung und unsere Lebensfreude beeinträchtigen können. Diese Beziehungen sind oft geprägt von Manipulation, Kontrolle, Schuldzuweisungen oder einem ständigen Gefühl der Erschöpfung. Solche Verbindungen können uns emotional und physisch auslaugen und verhindern, dass wir unser volles Potenzial entfalten. Doch wie können wir giftige Beziehungen erkennen und vermeiden? Dieser Prozess beginnt mit einem wachsamen Blick nach innen und außen – auf unsere Gefühle, unsere Grenzen und die Dynamik der Beziehung.

Ein erstes Anzeichen für eine giftige Beziehung ist das Gefühl ständiger

Erschöpfung oder des emotionalen Drucks. In einer gesunden Beziehung fühlen wir uns unterstützt und respektiert, während giftige Beziehungen oft ein Gefühl der Schwere oder der Belastung mit sich bringen. Wenn Sie das Gefühl haben, nach einem Treffen mit einer bestimmten Person erschöpft, entmutigt oder niedergeschlagen zu sein, ist dies ein Zeichen, dass diese Beziehung Ihnen möglicherweise mehr schadet als nützt. Diese emotionale Erschöpfung kann auf ständige Konflikte, eine übermäßige Forderung nach Aufmerksamkeit oder auf Manipulationen zurückzuführen sein, die subtil oder offensichtlich sein können.

Ein weiteres typisches Merkmal giftiger Beziehungen ist das Fehlen von gegenseitigem Respekt und Verständnis. In solchen Beziehungen kommt es häufig vor, dass eine Person die eigenen Bedürfnisse und Wünsche über die des anderen stellt und wenig Rücksicht auf die Gefühle oder Grenzen der anderen Person nimmt. Wenn Sie bemerken, dass Ihre Grenzen immer wieder ignoriert oder übertreten werden und Ihre Bedürfnisse ständig hinten anstehen, kann dies ein Zeichen dafür sein, dass Sie sich in einer toxischen Beziehung befinden. In einer gesunden Beziehung respektieren beide Seiten die Grenzen des anderen und sind bemüht, das Wohlbefinden des Gegenübers zu fördern.

Giftige Beziehungen sind oft von Manipulation und Schuldzuweisungen geprägt. Manipulative Menschen nutzen oft subtile oder offene Taktiken, um andere zu kontrollieren und ihren Willen durchzusetzen. Diese Taktiken können das Gaslighting umfassen, bei dem die Realität des anderen in Frage gestellt wird, sodass dieser an sich selbst zweifelt. Wenn Sie sich oft fragen, ob Ihre Wahrnehmungen oder Gefühle gerechtfertigt sind oder wenn Sie ständig das Gefühl haben, sich rechtfertigen zu müssen, könnte dies auf Manipulation hinweisen. Schuldzuweisungen sind ein weiteres typisches Zeichen – in einer giftigen Beziehung wird oft versucht, die Verantwortung für Probleme oder Konflikte dem anderen zuzuschieben, was dazu führt, dass eine Person sich schuldig oder minderwertig fühlt.

Ein weiteres Anzeichen für eine toxische Beziehung ist der Mangel an Unterstützung und Empathie. In einer gesunden Beziehung unterstützen sich beide Seiten und bieten einander Halt in schwierigen Zeiten. In giftigen Beziehungen hingegen fehlt oft das Mitgefühl und das Interesse am Wohlergehen des anderen. Wenn Sie das Gefühl haben, dass Ihre Erfolge oder Freuden ignoriert werden oder dass der andere wenig Interesse an Ihrem Leben zeigt, kann dies ein Hinweis darauf sein, dass Sie sich in einer Beziehung befinden, die auf einseitiger Zuwendung basiert. Menschen in toxischen Beziehungen fühlen sich oft allein gelassen, auch wenn sie physisch anwesend sind.

Auch das Gefühl der Angst oder Unsicherheit ist ein Warnsignal. Wenn Sie sich in der Gegenwart einer Person ständig unsicher fühlen oder Angst haben, etwas Falsches zu sagen oder zu tun, ist dies ein Zeichen dafür, dass die Beziehung Ihre emotionale Sicherheit bedroht. In einer gesunden Beziehung sollten Sie sich sicher und geborgen fühlen, ohne das Gefühl zu haben, dass Sie ständig auf der Hut sein müssen. Angst und Unsicherheit entstehen oft durch übermäßige Kontrolle, Kritik oder eine unberechenbare Reaktion des anderen. Solche Verhaltensweisen können dazu führen, dass Sie Ihre wahre Persönlichkeit unterdrücken und sich selbst verleugnen, um Konflikte zu vermeiden.

Das Setzen von Grenzen und das Einfordern von Respekt sind entscheidende Schritte, um giftige Beziehungen zu erkennen und zu vermeiden. Wenn Sie das Gefühl haben, dass Ihre Grenzen wiederholt überschritten werden, ist es wichtig, klar und bestimmt zu kommunizieren, was Sie akzeptieren und was nicht. Diese Klarheit zeigt dem anderen, dass Sie sich selbst respektieren und dass Sie nicht bereit sind, Ihre Werte oder Ihr Wohlbefinden zu opfern. Wenn die andere Person Ihre Grenzen nicht respektiert oder weiterhin Ihr Verhalten und Ihre Emotionen manipuliert, ist dies ein starkes Zeichen dafür, dass diese Beziehung ungesund für Sie ist.

Ein weiterer hilfreicher Schritt besteht darin, Unterstützung zu suchen und mit anderen darüber zu sprechen. Giftige Beziehungen können uns oft isolieren und uns das Gefühl geben, dass wir alleine sind. Doch das Gespräch mit Freunden, Familie oder einem Therapeuten kann helfen, die Situation klarer zu sehen und Unterstützung zu finden. Diese Perspektiven von außen ermöglichen es uns, die Dynamik der Beziehung objektiver zu betrachten und zu erkennen, ob diese uns mehr schadet als nützt.

Es ist auch wichtig zu wissen, dass das Vermeiden giftiger Beziehungen ein Akt der Selbstfürsorge ist und nichts mit Egoismus zu tun hat. Sich von einer toxischen Beziehung zu distanzieren bedeutet nicht, dass Sie den anderen Menschen verurteilen oder ablehnen. Vielmehr schützen Sie sich selbst und Ihr emotionales Wohlbefinden. Manchmal ist es notwendig, sich selbst an die erste Stelle zu setzen und sich von Beziehungen zu lösen, die uns nicht guttun. Diese Entscheidung kann schwierig sein, doch sie führt langfristig zu einem Leben, das von positiver Energie und unterstützenden Beziehungen geprägt ist.

Abschließend ist es hilfreich, sich daran zu erinnern, dass wir alle das Recht auf gesunde, respektvolle Beziehungen haben. Es ist in Ordnung, sich von Beziehungen zu distanzieren, die uns belasten oder einschränken. Indem wir lernen, giftige Beziehungen zu erkennen und zu vermeiden, schaffen wir Raum für Verbindungen, die auf Respekt, Verständnis und gegenseitigem Wachstum basieren. Dies ermöglicht uns, Beziehungen zu führen, die unser Leben bereichern und uns auf unserem Weg zu einem erfüllten und glücklichen Leben unterstützen.

4.Tiefe, bedeutungsvolle Verbindungen schaffen

Tiefe, bedeutungsvolle Verbindungen sind ein Geschenk, das unser Leben bereichert und uns emotional stärkt. Sie geben uns das Gefühl, gesehen und verstanden zu werden, und bieten einen Ort der Unterstützung und Geborgenheit. Doch solche Verbindungen entstehen nicht von selbst – sie erfordern Zeit, Hingabe und eine bewusste Entscheidung, sich auf andere einzulassen und authentisch zu sein. Tiefe Beziehungen sind von Vertrauen, Offenheit und gegenseitigem Respekt geprägt. Doch wie schaffen wir es, solche Verbindungen zu entwickeln und zu pflegen?

Ein erster wichtiger Schritt besteht darin, sich wirklich auf sein Gegenüber einzulassen und aktiv zuzuhören. Oft hören wir in Gesprächen nur oberflächlich zu, während unser Geist bereits mit eigenen Gedanken oder Antworten beschäftigt ist. Tiefes Zuhören bedeutet, dem anderen unsere ungeteilte Aufmerksamkeit zu schenken und wirklich verstehen zu wollen, was er oder sie sagt. Wir lassen die Worte, den Tonfall und die Körpersprache auf uns wirken und versuchen, die Gefühle hinter den Worten zu erkennen. Wenn wir einem Menschen aufmerksam und ohne Vorurteile zuhören, vermitteln wir ihm das Gefühl, wichtig und wertvoll zu sein, und schaffen so die Basis für eine tiefere Verbindung.

Ein weiterer wichtiger Aspekt ist die Bereitschaft zur Offenheit und Ehrlichkeit. Tiefe Verbindungen entstehen, wenn wir uns trauen, auch unsere verletzlichen Seiten zu zeigen und unsere wahren Gedanken und Gefühle mitzuteilen. Oft neigen wir dazu, uns hinter einer Fassade zu verstecken, aus Angst, verurteilt oder nicht verstanden zu werden. Doch genau diese Offenheit und Verletzlichkeit ermöglicht es, authentische Nähe zu schaffen. Indem wir ehrlich und transparent über unsere Wünsche, Ängste und Hoffnungen sprechen, laden wir auch den anderen ein, sich zu öffnen und uns sein wahres Selbst zu zeigen. Diese gegenseitige Offenheit schafft Vertrauen und führt zu einem tieferen Verständnis füreinander.

Ein weiterer Schlüssel zu bedeutungsvollen Verbindungen ist Empathie. Empathie bedeutet, die Gefühle und Perspektiven des anderen zu verstehen und sich in seine Lage zu versetzen. Empathie erfordert, unsere eigenen Vorurteile und Urteile beiseitezulegen und den anderen so zu akzeptieren, wie er ist. Wenn wir uns bemühen, den Schmerz, die Freude oder die Unsicherheiten unseres Gegenübers nachzuvollziehen, entwickeln wir ein tiefes Mitgefühl und schaffen eine emotionale Verbindung. Diese empathische Haltung ermöglicht es uns, unterstützend zur Seite zu stehen und zu zeigen, dass wir auch in schwierigen Zeiten füreinander da sind.

Gemeinsame Erlebnisse und Erinnerungen sind ebenfalls eine wertvolle Grundlage für tiefe Verbindungen. Erlebnisse verbinden uns, besonders wenn sie mit starken Emotionen oder besonderen Momenten verknüpft sind. Gemeinsame Abenteuer, gemeinsame Herausforderungen oder einfach das Teilen von alltäglichen Freuden schaffen Erinnerungen, die uns ein Leben lang begleiten. Solche Erlebnisse stärken das Band zwischen uns und schaffen eine Grundlage, auf der die Beziehung wachsen kann. Nehmen Sie sich bewusst Zeit, um mit wichtigen Menschen wertvolle Momente zu erleben – sei es ein tiefgründiges Gespräch, ein gemeinsamer Ausflug oder das Teilen von Hobbys und Interessen.

Eine bedeutungsvolle Verbindung erfordert auch das Vertrauen und den Respekt, den anderen so zu akzeptieren, wie er ist. In einer tiefen Beziehung versuchen wir nicht, den anderen zu verändern oder unseren Erwartungen anzupassen. Stattdessen akzeptieren wir seine Einzigartigkeit und schätzen ihn für das, was ihn ausmacht. Dieses Vertrauen und dieser Respekt sind die Säulen einer gesunden Beziehung, die Raum für individuelles Wachstum lässt. Wenn beide Seiten das Gefühl haben, bedingungslos akzeptiert zu werden, entsteht ein Gefühl der Geborgenheit, das eine tiefe, bedeutungsvolle Verbindung ermöglicht.

Auch das Vergeben und Loslassen ist ein wesentlicher Bestandteil tiefer Verbindungen. Keine Beziehung ist perfekt, und es wird immer wieder Momente geben, in denen wir enttäuscht oder verletzt werden. Doch die Bereitschaft zur Vergebung und die Fähigkeit, Konflikte hinter sich zu lassen, sind entscheidend, um eine Beziehung aufrechtzuerhalten und zu vertiefen. Vergebung bedeutet, den Schmerz oder die Enttäuschung loszulassen und dem anderen die Chance zu geben, aus Fehlern zu lernen. Indem wir vergeben und uns darauf konzentrieren, die positiven Aspekte der Beziehung zu stärken, fördern wir eine Verbindung, die auch schwierigen Zeiten standhält und an Herausforderungen wächst.

Das Zeigen von Wertschätzung ist eine weitere wichtige Komponente. In tiefen Verbindungen sollten wir nicht vergessen, dem anderen unsere Dankbarkeit und Wertschätzung auszudrücken. Kleine Gesten der Freundlichkeit und des Dankes zeigen dem anderen, dass wir seine Anwesenheit und seine Unterstützung schätzen. Ein ehrliches Kompliment, eine herzliche Umarmung oder einfach das Ausdrücken unserer Dankbarkeit können Wunder bewirken und die Bindung stärken. Wertschätzung schafft eine positive Atmosphäre und fördert das gegenseitige Wohlwollen, das jede Beziehung bereichert.

Geduld und Verständnis sind ebenfalls essenziell für den Aufbau und die Pflege tiefer Verbindungen. Es wird immer Momente geben, in denen Missverständnisse oder Meinungsverschiedenheiten auftreten. Doch statt diese als Bedrohung zu sehen, können wir sie als Gelegenheit nutzen, die Beziehung zu stärken und ein besseres Verständnis füreinander zu entwickeln. Geduld bedeutet, den anderen nicht unter Druck zu setzen und ihm Raum für seine Gefühle und Gedanken zu geben. Verständnis bedeutet, auch dann zu unterstützen, wenn der andere anders denkt oder handelt als wir selbst. Diese Geduld und das Verständnis fördern eine Atmosphäre des Vertrauens und des gegenseitigen Respekts.

Schließlich erfordert das Schaffen bedeutungsvoller Verbindungen auch die Bereitschaft, in die Beziehung zu investieren. Tiefe Beziehungen entstehen nicht von allein, sondern sind das Ergebnis von Hingabe, Zeit und Aufmerksamkeit. Nehmen Sie sich regelmäßig bewusst Zeit für die Menschen, die Ihnen wichtig sind, und zeigen Sie ihnen, dass sie eine Priorität in Ihrem Leben sind. Diese Investition an Zeit und Energie zahlt sich aus und schafft eine Verbindung, die auch in schwierigen Zeiten Bestand hat.

Bedeutungsvolle Verbindungen sind ein unschätzbarer Wert im Leben. Sie geben uns Halt, schenken uns Freude und bereichern unser Leben auf eine Weise, die materielle Dinge nicht können. Indem wir bereit sind, zuzuhören, offen zu sein, Empathie zu zeigen und den anderen zu schätzen, schaffen wir Verbindungen, die tiefer und erfüllender sind. Solche Beziehungen geben uns das Gefühl, dass wir nicht alleine sind und dass wir immer Menschen an unserer Seite haben, auf die wir uns verlassen können.

Kapitel 9: Werkzeuge zur langfristigen Aufrechterhaltung von Positivität

1. Strategien für schwierige Tage

Jeder von uns erlebt Tage, an denen nichts zu gelingen scheint, an denen wir uns müde, niedergeschlagen oder einfach überwältigt fühlen. Diese schwierigen Tage gehören zum Leben dazu, doch wie wir mit ihnen umgehen, kann einen großen Unterschied machen. Die Fähigkeit, auch in solchen Momenten positiv zu bleiben, ist eine wertvolle Ressource, die unser Wohlbefinden und unsere Resilienz stärkt. Es gibt einfache, aber wirkungsvolle Strategien, die uns helfen können, an herausfordernden Tagen wieder Kraft zu schöpfen und das Positive nicht aus den Augen zu verlieren. Diese Strategien unterstützen uns dabei, nicht nur den Moment zu überstehen, sondern langfristig ein positives Lebensgefühl aufrechtzuerhalten.

Ein erster Schritt ist, sich bewusst Zeit für eine kurze Pause zu nehmen. An schwierigen Tagen fällt es uns oft schwer, aus dem Strudel negativer Gedanken und Emotionen auszubrechen. Eine Pause, in der wir tief durchatmen und den Fokus von den belastenden Gedanken abwenden, kann Wunder wirken. Schließen Sie die Augen und atmen Sie tief ein und aus. Lassen Sie alle Anspannung mit jedem Ausatmen los. Selbst ein paar Minuten bewusster Atmung helfen dabei, den Kopf frei zu bekommen und sich neu zu zentrieren. Diese kleine, achtsame Übung bringt uns in den Moment zurück und gibt uns das Gefühl, die Kontrolle über unsere Gedanken wiederzuerlangen.

Eine weitere hilfreiche Strategie ist das Führen eines Dankbarkeitstagebuchs. An schlechten Tagen neigen wir dazu, unsere Aufmerksamkeit auf das Negative zu richten und alles, was nicht gut läuft, zu betonen. Doch indem wir uns bewusst auf Dinge konzentrieren, für die wir dankbar sind, können wir unser Denken neu ausrichten. Nehmen Sie sich ein Notizbuch oder eine App zur Hand und schreiben Sie drei Dinge auf, die Ihnen Freude bereiten oder für die Sie dankbar sind. Es können kleine Dinge sein, wie ein warmes Frühstück, ein freundliches Lächeln oder ein ruhiger Moment für sich selbst. Das Praktizieren von Dankbarkeit hebt die Stimmung und hilft uns, das Positive im Leben wieder stärker wahrzunehmen.

Auch Bewegung kann an schwierigen Tagen eine große Hilfe sein. Körperliche Aktivität setzt Endorphine frei, die uns ein Gefühl von Zufriedenheit und Wohlbefinden vermitteln. Ein kurzer Spaziergang, eine Runde Yoga oder ein paar einfache Dehnübungen können bereits ausreichen, um den Körper und Geist zu erfrischen. Wenn wir uns körperlich betätigen, verschiebt sich unser Fokus von den belastenden Gedanken auf den Moment und auf unser körperliches Empfinden. Bewegung ist wie ein Neustart für den Geist und gibt uns neue Energie, um den Tag mit einer frischen Perspektive zu betrachten.

Eine Technik, die ebenfalls sehr wirkungsvoll ist, sind positive Selbstgespräche. Unsere inneren Gedanken beeinflussen, wie wir uns fühlen und wie wir auf schwierige Situationen reagieren. An Tagen, an denen wir uns entmutigt oder erschöpft fühlen, kann es hilfreich sein, sich selbst positive und aufbauende Worte zu sagen. Erinnern Sie sich an Ihre Stärken und daran, dass jeder Mensch schwierige Tage hat. Sagen Sie sich Sätze wie „Ich habe schon vieles gemeistert und werde auch das schaffen" oder „Ich gebe mein Bestes, und das ist genug." Diese Selbstgespräche helfen, den inneren Kritiker zum Schweigen zu bringen und sich selbst mit mehr Mitgefühl zu begegnen.

Eine weitere Möglichkeit, sich an schwierigen Tagen zu unterstützen, ist das bewusste Planen von kleinen Wohlfühlmomenten. Überlegen Sie, was Ihnen Freude bereitet und Sie aufheitern könnte. Das kann eine Tasse Tee sein, ein Kapitel in einem Lieblingsbuch, ein warmes Bad oder ein paar Minuten in der Sonne. Diese kleinen Momente des Wohlbefindens schenken uns Energie und laden die „Batterien" wieder auf. Wenn wir uns selbst regelmäßig solche kleinen Freuden gönnen, fällt es leichter, auch an herausfordernden Tagen das Positive zu bewahren und uns selbst etwas Gutes zu tun.

Der Austausch mit anderen kann ebenfalls eine wertvolle Unterstützung sein. An schlechten Tagen besteht oft die Tendenz, sich zurückzuziehen und in den eigenen negativen Gedanken zu versinken. Doch ein Gespräch mit einem Freund, Familienmitglied oder einer vertrauten Person kann uns helfen, unsere Perspektive zu erweitern. Andere Menschen können uns unterstützen, indem sie uns zuhören, uns ermutigen oder einfach ein wenig Ablenkung bieten. Manchmal reicht ein einfaches „Wie geht es dir?" oder ein kurzer Anruf, um das Gefühl der Einsamkeit zu überwinden und sich wieder verbunden zu fühlen.

Eine weitere hilfreiche Strategie ist die Konzentration auf das, was wir kontrollieren können. An schwierigen Tagen kann es sich anfühlen, als ob alles außer Kontrolle gerät. Doch wenn wir uns auf die kleinen, machbaren Dinge konzentrieren, die wir direkt beeinflussen können, fühlen wir uns gestärkt und weniger überwältigt. Fragen Sie sich: „Was kann ich jetzt tun, um mir zu helfen?" Das kann eine kleine Aufgabe sein, wie das Aufräumen eines Bereichs, das Erledigen einer einfachen Tätigkeit oder das Planen der nächsten Schritte. Das Gefühl, etwas bewirken zu können, gibt uns das Selbstvertrauen, auch größere Herausforderungen anzugehen.

Manchmal hilft es auch, die Perspektive zu wechseln und die aktuelle Situation in einem größeren Kontext zu sehen. Stellen Sie sich vor, Sie blicken in der Zukunft auf diesen Moment zurück. Wie wichtig wird dieses Problem in einem Jahr noch sein? Oft hilft uns diese Übung, die Dramatik herauszunehmen und zu erkennen, dass schwierige Tage vergänglich sind. Sie geben uns die Möglichkeit, zu wachsen und Resilienz zu entwickeln. Indem wir uns bewusst machen, dass jede Herausforderung uns stärker macht, können wir auch schwierige Tage als wertvolle Lernerfahrungen betrachten.

Schließlich ist es wichtig, sich an schwierigen Tagen die Erlaubnis zu geben, einfach nur zu sein. Es ist in Ordnung, nicht immer leistungsfähig oder positiv zu sein. Manchmal ist das Beste, was wir tun können, uns selbst mit Mitgefühl und Geduld zu begegnen. Nehmen Sie sich den Druck, perfekt sein zu müssen, und erlauben Sie sich, auch Schwäche zu zeigen. Diese Akzeptanz hilft uns, Frieden mit uns selbst zu schließen und zu erkennen, dass schwierige Tage genauso zum Leben gehören wie die guten.

Die Anwendung dieser Strategien an schwierigen Tagen hilft uns, positive Gewohnheiten zu entwickeln, die langfristig unser Wohlbefinden fördern. Sie stärken unser Vertrauen in unsere Fähigkeit, Herausforderungen zu meistern, und geben uns das Gefühl, auch an schlechten Tagen die Kontrolle über unsere Gedanken und Gefühle zu behalten. So schaffen wir eine stabile Basis für ein Leben voller Zuversicht und innerem Frieden, das selbst in schwierigen Zeiten Bestand hat.

2. Ein unterstützendes Umfeld für Wachstum schaffen

Ein unterstützendes Umfeld ist wie ein fruchtbarer Boden, der es uns ermöglicht, uns zu entwickeln, neue Fähigkeiten zu entfalten und unser volles Potenzial auszuschöpfen. Ein Umfeld, das uns ermutigt und uns dabei hilft, unsere Ziele zu erreichen, spielt eine entscheidende Rolle für unser persönliches Wachstum. Doch wie können wir ein solches Umfeld aktiv gestalten und pflegen? Der Schlüssel liegt darin, bewusste Entscheidungen zu treffen, uns mit Menschen und Dingen zu umgeben, die unser Wachstum fördern und uns dabei unterstützen, unser bestes Selbst zu sein.

Ein erster Schritt ist es, positive Beziehungen zu pflegen. Menschen, die uns inspirieren, motivieren und ehrlich zu uns sind, tragen wesentlich zu einem unterstützenden Umfeld bei. Nehmen Sie sich die Zeit, Ihre Beziehungen zu überdenken und darauf zu achten, wie Sie sich nach einem Treffen oder Gespräch mit bestimmten Personen fühlen. Fühlen Sie sich ermutigt und verstanden, oder eher ausgelaugt und entmutigt? Umgeben Sie sich bewusst mit Menschen, die Sie schätzen und unterstützen, und seien Sie offen für neue Verbindungen, die Ihr Wachstum fördern können. Positive Beziehungen sind wie ein starkes Netzwerk, das Ihnen Kraft und Zuversicht gibt, selbst schwierige Herausforderungen anzunehmen.

Ein weiterer wichtiger Aspekt ist die Schaffung eines physischen Umfelds, das Wachstum unterstützt. Unser Zuhause, unser Arbeitsplatz und die Räume, in denen wir uns bewegen, beeinflussen unser Wohlbefinden und unsere Motivation. Ein ordentlicher, angenehmer Raum kann uns helfen, klarer zu denken und uns auf unsere Ziele zu konzentrieren. Räumen Sie bewusst auf und entfernen Sie Dinge, die Sie belasten oder ablenken. Eine einfache und saubere Umgebung schafft Raum für neue Ideen und unterstützt Sie dabei, sich auf das Wesentliche zu konzentrieren. Sie könnten sich einen speziellen Bereich für Ihre Ziele und Projekte einrichten – ein Ort, an dem Sie sich inspiriert und fokussiert fühlen.

Auch das Setzen klarer und erreichbarer Ziele trägt zu einem unterstützenden Umfeld bei. Wenn wir wissen, was wir erreichen möchten, können wir unsere Energie gezielt darauf ausrichten und unsere Schritte besser planen. Schreiben Sie Ihre Ziele auf und teilen Sie sie möglicherweise mit Menschen, die Sie ermutigen und unterstützen. Ein Ziel vor Augen zu haben gibt dem Tag Struktur und Klarheit und hilft Ihnen, auch in schwierigen Momenten fokussiert zu bleiben. Ziele wirken wie ein Kompass, der uns den Weg weist und sicherstellt, dass wir nicht vom Kurs abkommen.

Ein unterstützendes Umfeld bedeutet auch, sich regelmäßig mit inspirierenden Inhalten zu beschäftigen. Bücher, Podcasts, Vorträge und andere Ressourcen können unser Denken anregen und uns wertvolle neue Perspektiven eröffnen. Wählen Sie bewusst Inhalte aus, die Sie motivieren und Ihr Wissen erweitern. Lernen Sie von Menschen, die bereits das erreicht haben, was Sie sich wünschen, und lassen Sie sich von ihren Erfahrungen inspirieren. Diese positiven Impulse fördern Ihre innere Stärke und geben Ihnen das Gefühl, dass Sie nicht alleine auf Ihrem Weg sind.

Selbstreflexion ist ein weiterer wichtiger Bestandteil eines förderlichen Umfelds. Nehmen Sie sich regelmäßig Zeit, um über Ihre Fortschritte, Herausforderungen und Ziele nachzudenken. Dies hilft Ihnen, bewusst wahrzunehmen, was in Ihrem Leben funktioniert und wo Sie eventuell Anpassungen vornehmen möchten. Ein Tagebuch oder ein Reflexionsjournal kann dabei eine wertvolle Hilfe sein. Die Selbstreflexion gibt Ihnen Klarheit über Ihre eigenen Bedürfnisse und hilft Ihnen, sich weiterzuentwickeln, indem Sie kontinuierlich auf Ihre Erfahrungen zurückblicken.

Ein unterstützendes Umfeld erfordert auch die Bereitschaft, gesunde Grenzen zu setzen. Grenzen sind notwendig, um unsere Energie zu schützen und sicherzustellen, dass wir unsere Ressourcen sinnvoll einsetzen. Lernen Sie, „Nein" zu sagen, wenn etwas nicht mit Ihren Zielen und Werten übereinstimmt, und konzentrieren Sie sich auf das, was Ihnen wirklich wichtig ist. Gesunde Grenzen geben uns Raum, uns auf unser eigenes Wachstum zu konzentrieren und unsere Zeit und Energie bewusst zu nutzen. Indem wir lernen, uns selbst und unsere Bedürfnisse ernst zu nehmen, schaffen wir eine Umgebung, die uns schützt und unterstützt.

Ein wichtiger Teil eines förderlichen Umfelds ist auch der Umgang mit Fehlern und Rückschlägen. Anstatt uns von Fehlern entmutigen zu lassen, können wir lernen, sie als wertvolle Lernerfahrungen zu sehen.

Eine positive Haltung gegenüber Misserfolgen und Herausforderungen schafft eine Atmosphäre, in der wir uns trauen, Risiken einzugehen und neue Dinge auszuprobieren. Umgeben Sie sich mit Menschen, die Sie in schwierigen Zeiten unterstützen und Ihnen helfen, wieder aufzustehen, wenn etwas nicht wie geplant verläuft. Diese Einstellung fördert ein Umfeld, in dem Wachstum und Fortschritt anstelle von Perfektion im Vordergrund stehen.

Selbstfürsorge ist ebenfalls ein wesentlicher Bestandteil eines unterstützenden Umfelds. Nur wenn wir gut für uns selbst sorgen, können wir langfristig gesund und motiviert bleiben. Achten Sie auf ausreichend Schlaf, gesunde Ernährung und regelmäßige Bewegung. Planen Sie bewusst Erholungsphasen ein und nehmen Sie sich Zeit für Dinge, die Ihnen Freude bereiten. Wenn wir uns um unser körperliches und emotionales Wohlbefinden kümmern, stärken wir unsere Widerstandskraft und schaffen eine solide Basis, auf der wir unsere Ziele verfolgen können.

Dankbarkeit zu praktizieren hilft ebenfalls, ein unterstützendes Umfeld zu schaffen. Dankbarkeit lenkt unseren Fokus auf die positiven Aspekte unseres Lebens und hilft uns, das zu schätzen, was wir bereits haben. Diese positive Einstellung wirkt wie ein Magnet für mehr Positives und stärkt unser Gefühl des Wohlbefindens. Dankbarkeit lässt uns das Leben mit einer offenen und wertschätzenden Haltung betrachten und gibt uns die Energie, uns auf unser Wachstum zu konzentrieren, anstatt uns von Herausforderungen überwältigen zu lassen.

Ein unterstützendes Umfeld zu schaffen, ist ein fortlaufender Prozess, der bewusstes Handeln und die Bereitschaft zur Veränderung erfordert. Wenn wir uns mit positiven Menschen und inspirierenden Inhalten umgeben, gesunde Gewohnheiten pflegen und auf unsere eigenen Bedürfnisse hören, schaffen wir die Voraussetzungen für ein Umfeld, das uns bei unserem persönlichen Wachstum unterstützt. Dieses Umfeld gibt uns die Kraft und Motivation, auch in schwierigen Zeiten weiterzumachen und unseren Weg mit Zuversicht und innerer Stärke zu gehen.

3.Emotionales und mentales Burnout vermeiden

Burnout ist ein Zustand emotionaler, geistiger und körperlicher Erschöpfung, der entsteht, wenn wir über einen längeren Zeitraum hinweg zu viel von uns selbst verlangen und uns nicht genug um unser eigenes Wohlbefinden kümmern. Burnout kann sich schleichend entwickeln, oft beginnen die ersten Anzeichen mit leichter Müdigkeit oder einem Gefühl der Überforderung. Wenn wir jedoch nicht rechtzeitig gegensteuern, kann Burnout unsere Lebensqualität erheblich beeinträchtigen und unsere Fähigkeit zur Bewältigung des Alltags stark einschränken. Doch wie können wir Burnout vermeiden und ein gesundes Gleichgewicht zwischen Arbeit, Verpflichtungen und Selbstfürsorge schaffen?

Ein erster Schritt, um emotionales und mentales Burnout zu vermeiden, besteht darin, auf unsere eigenen Bedürfnisse zu hören und sie ernst zu nehmen. Häufig ignorieren wir die Signale unseres Körpers und Geistes, weil wir das Gefühl haben, noch mehr leisten zu müssen oder anderen gerecht zu werden. Doch die Achtsamkeit gegenüber unseren eigenen Bedürfnissen ist der Schlüssel, um Überlastung zu verhindern. Nehmen Sie sich bewusst Zeit, regelmäßig in sich hineinzuhorchen und zu fragen: „Wie fühle ich mich gerade? Was brauche ich wirklich?" Diese Selbstreflexion hilft, Überlastung frühzeitig zu erkennen und rechtzeitig Maßnahmen zu ergreifen, bevor die Erschöpfung überhandnimmt.

Eine der wichtigsten Maßnahmen zur Burnout-Prävention ist das Setzen gesunder Grenzen. Grenzen zu setzen bedeutet, sich bewusst zu entscheiden, wie viel Zeit und Energie wir für bestimmte Aktivitäten und Menschen aufwenden möchten. Es ist wichtig, „Nein" zu sagen, wenn Aufgaben oder Verpflichtungen unsere eigenen Kapazitäten überschreiten oder wenn sie nicht mit unseren Werten und Prioritäten übereinstimmen. Lernen Sie, Grenzen klar und respektvoll zu kommunizieren und sich nicht unter Druck setzen zu lassen, ständig für andere verfügbar zu sein. Gesunde Grenzen sind wie ein Schutzschild, das uns davor bewahrt, uns selbst zu überfordern und unsere Kräfte zu erschöpfen.

Selbstfürsorge ist ein weiterer wesentlicher Faktor, um Burnout zu vermeiden. Selbstfürsorge bedeutet, sich Zeit für Dinge zu nehmen, die uns körperlich und emotional stärken und unser Wohlbefinden fördern. Dazu gehören ausreichend Schlaf, gesunde Ernährung, Bewegung und regelmäßige Pausen im Alltag. Auch kleine Momente der Entspannung, wie ein Spaziergang, ein warmes Bad oder das Lesen eines Buches, können uns helfen, unsere „inneren Batterien" wieder aufzuladen. Indem wir Selbstfürsorge zur Priorität machen, investieren wir langfristig in unsere Gesundheit und schaffen eine stabile Grundlage, um den Anforderungen des Lebens gewachsen zu sein.

Auch die Pflege sozialer Kontakte und das Gespräch mit vertrauten Menschen können eine wertvolle Unterstützung sein, um Burnout vorzubeugen. Freunde, Familie oder ein unterstützendes Netzwerk können uns in schwierigen Zeiten Halt geben und uns helfen, die Dinge aus einer neuen Perspektive zu sehen. Ein offenes Gespräch über unsere Sorgen und Belastungen kann oft schon eine große Erleichterung bringen und das Gefühl von Isolation mindern. Scheuen Sie sich nicht, Hilfe zu suchen oder Unterstützung anzunehmen, wenn Sie sie brauchen – das ist kein Zeichen von Schwäche, sondern eine wichtige Maßnahme zur Erhaltung der eigenen Kraft und Resilienz.

Eine weitere effektive Methode zur Vermeidung von Burnout ist das

Praktizieren von Achtsamkeit. Achtsamkeit bedeutet, im gegenwärtigen Moment zu leben und sich bewusst auf das Hier und Jetzt zu konzentrieren. Wenn wir achtsam sind, nehmen wir unsere Gedanken und Gefühle wahr, ohne sie zu bewerten oder zu verändern. Diese Haltung hilft, Stress abzubauen und sich weniger von den täglichen Belastungen überwältigen zu lassen. Achtsamkeitsübungen wie Meditation, tiefes Atmen oder einfach nur das bewusste Wahrnehmen der eigenen Umgebung können uns dabei unterstützen, im Alltag eine ruhige und ausgeglichene Haltung zu bewahren.

Das Setzen realistischer Ziele ist ebenfalls entscheidend, um Burnout zu vermeiden. Häufig setzen wir uns selbst unter Druck, indem wir unrealistische Erwartungen an unsere Leistung und Produktivität haben. Dieser Druck kann uns schnell überfordern und uns das Gefühl geben, nicht gut genug zu sein. Setzen Sie sich klare, erreichbare Ziele und nehmen Sie sich Zeit, diese in kleine Schritte zu unterteilen. Indem Sie den Fokus auf das Machbare legen, reduzieren Sie das Risiko, sich selbst zu überfordern, und steigern gleichzeitig das Gefühl, erfolgreich und zufrieden zu sein.

Regelmäßige Pausen und Entspannungsphasen sind ebenfalls wichtig, um einem Burnout vorzubeugen. Wir neigen oft dazu, Pausen zu überspringen oder in der Hektik des Alltags zu vergessen, uns eine Auszeit zu nehmen. Doch unser Geist und Körper brauchen regelmäßige Erholung, um leistungsfähig zu bleiben und Stress abzubauen. Planen Sie bewusst Pausen ein, in denen Sie komplett abschalten können – sei es durch eine kurze Meditation, eine Tasse Tee oder einfaches „Nichtstun". Diese kleinen Auszeiten helfen, unsere Energiereserven wieder aufzufüllen und uns auf das Wesentliche zu fokussieren.

Eine wertvolle Strategie zur Burnout-Prävention ist auch das Führen eines „Erfolgsjournals". Häufig übersehen wir unsere eigenen Erfolge und neigen dazu, uns auf das zu konzentrieren, was noch nicht erledigt ist oder wo wir uns verbessern könnten. Ein Erfolgsjournal, in dem Sie täglich kleine und große Erfolge festhalten, hilft dabei, das Positive stärker wahrzunehmen und sich selbst wertzuschätzen. Dieses positive Feedback an sich selbst stärkt das Selbstbewusstsein und gibt uns das Gefühl, auf dem richtigen Weg zu sein. Wenn wir unsere Fortschritte sehen und anerkennen, fühlen wir uns ermutigt und weniger gestresst.

Dankbarkeit zu praktizieren ist eine weitere Methode, um einem Burnout entgegenzuwirken. Dankbarkeit lenkt den Fokus auf das Positive und hilft uns, die kleinen und großen Dinge im Leben zu schätzen. Wenn wir regelmäßig reflektieren, wofür wir dankbar sind, entwickeln wir eine positive Grundhaltung, die uns in stressigen Zeiten stützt. Notieren Sie sich täglich drei Dinge, für die Sie dankbar sind – sei es eine nette Geste, ein schönes Erlebnis oder eine Aufgabe, die Sie erfolgreich gemeistert haben. Dankbarkeit schafft ein Gefühl der Erfüllung und hilft uns, den Stress des Alltags in einem positiveren Licht zu sehen.

Schließlich ist es wichtig, die eigenen Stärken und Schwächen zu kennen und anzuerkennen. Wir müssen nicht in allen Bereichen perfekt sein oder alles alleine schaffen. Indem wir unsere Grenzen akzeptieren und uns realistische Erwartungen setzen, schützen wir uns vor Überforderung und emotionaler Erschöpfung. Seien Sie geduldig und freundlich mit sich selbst, und erinnern Sie sich daran, dass Sie wertvoll sind, unabhängig von Ihrer Leistung oder Produktivität.

Die Vermeidung von Burnout erfordert ein bewusstes Handeln und die Entscheidung, gut für sich selbst zu sorgen. Indem wir unsere Bedürfnisse ernst nehmen, gesunde Grenzen setzen und uns regelmäßig Zeit für Selbstfürsorge nehmen, schaffen wir ein starkes Fundament, das uns auch in herausfordernden Zeiten trägt. Burnout-Prävention bedeutet nicht, dass wir uns nicht mehr anstrengen oder keine Herausforderungen annehmen – vielmehr geht es darum, ein Gleichgewicht zu finden, das uns erlaubt, unsere Ziele zu verfolgen, ohne dabei unsere Gesundheit zu gefährden.

4. Die Macht der Beständigkeit im positiven Denken

Beständigkeit im positiven Denken ist wie eine unsichtbare Kraft, die unser Leben Schritt für Schritt verändert und uns dabei hilft, ein tief verwurzeltes Gefühl von Zufriedenheit und Stabilität zu entwickeln. Oft neigen wir dazu, positive Gedanken nur an „guten" Tagen zu pflegen, wenn alles reibungslos läuft und wir uns wohl fühlen. Doch die wahre Macht des positiven Denkens entfaltet sich erst, wenn wir es auch in schwierigen Zeiten beständig anwenden. Indem wir daran arbeiten, eine kontinuierliche positive Einstellung zu entwickeln, schaffen wir eine innere Stabilität, die uns hilft, Herausforderungen besser zu bewältigen und langfristig glücklicher und ausgeglichener zu leben.

Ein erster wichtiger Aspekt der Beständigkeit im positiven Denken ist die bewusste Entscheidung, das Gute zu sehen – auch in schwierigen Momenten. Positive Gedanken entwickeln sich nicht von selbst; sie sind das Ergebnis einer bewussten Wahl. Diese Wahl kann so einfach sein wie der Entschluss, den Tag mit einem dankbaren Gedanken zu beginnen oder eine Herausforderung als Lernmöglichkeit zu betrachten. Indem wir regelmäßig nach dem Positiven suchen, trainieren wir unser Gehirn darauf, optimistischer zu denken und Probleme nicht als unüberwindbare Hindernisse, sondern als Chancen für Wachstum zu sehen.

Beständigkeit im positiven Denken bedeutet auch, sich eine Routine zu schaffen, die positive Gedanken in den Alltag integriert. Routinen helfen, dass positive Gedanken zur Gewohnheit werden, die uns durch alle Phasen des Lebens trägt. Dies kann durch einfache tägliche Praktiken geschehen, wie das Führen eines Dankbarkeitstagebuchs oder das tägliche Wiederholen positiver Affirmationen. Diese Routine schafft einen Rahmen, der uns daran erinnert, auch an schweren Tagen auf das Gute im Leben zu achten. Mit der Zeit wird dieses positive Denken zu einem natürlichen Bestandteil unserer Denkweise, und wir beginnen, auch in schwierigen Zeiten das Positive zu erkennen.

Ein weiterer wichtiger Aspekt der Beständigkeit ist Geduld. Positives Denken zeigt oft erst über einen längeren Zeitraum seine volle Wirkung, und es ist normal, dass wir an manchen Tagen Rückschläge erleben. Doch Beständigkeit bedeutet, auch an solchen Tagen am positiven Denken festzuhalten und uns selbst nicht zu verurteilen, wenn wir uns einmal negativ fühlen. Indem wir geduldig und freundlich zu uns selbst sind, schaffen wir die Grundlage für eine stabile, positive Einstellung, die uns nicht nur in guten, sondern auch in schwierigen Zeiten trägt.

Ein unterstützendes Umfeld kann uns ebenfalls dabei helfen, das positive Denken beständig aufrechtzuerhalten. Menschen, die ebenfalls eine positive Einstellung pflegen, wirken oft wie Anker, die uns an unsere eigene positive Denkweise erinnern und uns motivieren, auch an herausfordernden Tagen das Beste zu sehen. Der Austausch mit Freunden oder einem Coach, der positive Einstellungen fördert, kann uns inspirieren und uns daran erinnern, warum es sich lohnt, das positive Denken beizubehalten. Indem wir uns mit Menschen umgeben, die uns unterstützen und ermutigen, wird es leichter, das positive Denken zur festen Gewohnheit zu machen.

Die Beständigkeit im positiven Denken wird auch durch die Bereitschaft gestärkt, alte, negative Denkmuster loszulassen. Oft hängen wir an Überzeugungen und Gedanken, die uns nicht guttun und uns zurückhalten. Beständiges positives Denken erfordert, dass wir diese alten Muster immer wieder in Frage stellen und bewusst durch positivere Alternativen ersetzen. Dieser Prozess ist eine fortlaufende Übung, die Geduld und Achtsamkeit erfordert. Doch jedes Mal, wenn wir ein negatives Muster durch eine positive Perspektive ersetzen, stärken wir unsere Fähigkeit, dauerhaft positiv zu denken und uns auf das Gute im Leben zu konzentrieren.

Ein weiterer kraftvoller Aspekt der Beständigkeit ist die regelmäßige Selbstreflexion. Indem wir uns Zeit nehmen, über unsere Fortschritte und Herausforderungen im positiven Denken nachzudenken, gewinnen wir ein tieferes Verständnis für uns selbst und für die Veränderungen, die wir bereits erreicht haben. Diese Reflexion hilft uns, motiviert zu bleiben und gibt uns die Bestätigung, dass sich das beständige positive Denken langfristig lohnt. Sie können sich zum Beispiel jede Woche einige Minuten Zeit nehmen, um sich zu fragen: „In welchen Situationen war es mir diese Woche möglich, positiv zu denken?" und „Wo möchte ich mich noch weiter verbessern?" Diese regelmäßige Reflexion unterstützt uns dabei, das positive Denken zu festigen und unsere Entwicklung bewusst zu gestalten.

Ein weiterer wichtiger Aspekt der Beständigkeit im positiven Denken ist das Vertrauen in den Prozess. Oft erwarten wir schnelle Ergebnisse und geben auf, wenn sich unser Denken oder unsere Lebensumstände nicht sofort verändern. Doch die Macht des positiven Denkens entfaltet sich oft erst allmählich. Indem wir dem Prozess vertrauen und uns bewusst darauf einlassen, entwickeln wir eine innere Sicherheit, die uns auch in schwierigen Zeiten stabil hält. Vertrauen bedeutet, zu wissen, dass jeder kleine positive Gedanke eine Wirkung hat und dass sich diese Wirkung mit der Zeit summiert und unser Leben nachhaltig verbessert.

Auch die eigene Erlaubnis, Fehler zu machen, ist wichtig. Positives Denken ist kein perfekter, geradliniger Prozess. Es wird Tage geben, an denen negative Gedanken dominieren, und das ist völlig in Ordnung. Beständigkeit bedeutet, an diesen Tagen liebevoll zu sich selbst zu sein und die eigene Unvollkommenheit anzunehmen. Indem wir uns selbst erlauben, menschlich zu sein, nehmen wir den Druck heraus und schaffen eine gesunde Grundlage, auf der das positive Denken gedeihen kann.

Schließlich ist es hilfreich, sich immer wieder an den eigenen Fortschritt zu erinnern und diesen zu feiern. Kleine Erfolge im positiven Denken, wie das erfolgreiche Umdenken in einer schwierigen Situation oder das Überwinden negativer Gedanken, sind wertvoll und verdienen Anerkennung. Das Feiern dieser kleinen Schritte stärkt unser Vertrauen in uns selbst und erinnert uns daran, dass Beständigkeit im positiven Denken uns Schritt für Schritt näher an ein erfülltes und positives Leben führt.

Die Macht der Beständigkeit im positiven Denken liegt in der sanften, aber tiefgreifenden Transformation, die sie bewirkt. Indem wir kontinuierlich daran arbeiten, das Positive zu sehen, formen wir unsere Denkweise, unsere Emotionen und letztlich auch unsere Lebensqualität. Beständiges positives Denken ist wie ein Garten, den wir täglich pflegen müssen, um ihn blühen zu sehen. Jeder kleine Gedanke, jede Entscheidung für das Gute ist ein Samen, der wächst und uns im Laufe der Zeit mit einem tiefen Gefühl der Zufriedenheit und Stabilität beschenkt.

Kapitel 10: Eine positive Lebensvision entwerfen

1. Deine Vision für ein positives Leben definieren

Eine positive Lebensvision zu haben, ist wie ein Kompass, der uns den Weg weist und uns daran erinnert, was uns wirklich wichtig ist. Diese Vision gibt unserem Leben Sinn und Ziel und hilft uns, auch in schwierigen Zeiten fokussiert und motiviert zu bleiben. Doch wie finden wir heraus, was für uns ein „positives Leben" bedeutet? Die Definition einer persönlichen Lebensvision beginnt mit einer tiefen Reflexion über unsere Werte, unsere Wünsche und das, was uns wirklich glücklich macht. Eine solche Vision gibt uns eine klare Richtung und stärkt unser Gefühl von Erfüllung und Zufriedenheit. Indem wir uns die Zeit nehmen, eine Vision für unser Leben zu entwickeln, schaffen wir die Grundlage, um jeden Tag bewusst und mit Intention zu leben.

Ein erster Schritt, um deine Lebensvision zu definieren, besteht darin, dir die Frage zu stellen: „Was macht mich wirklich glücklich?" Nimm dir einen Moment Zeit und denke darüber nach, welche Aktivitäten, Menschen oder Erfahrungen dir Freude bringen und dich innerlich erfüllen. Oft sind es die einfachen Dinge im Leben – Zeit mit geliebten Menschen zu verbringen, eine inspirierende Aufgabe zu haben oder Zeit in der Natur zu genießen. Diese Momente geben uns Hinweise darauf, was uns wirklich erfüllt und was wir in unserer Lebensvision integrieren sollten. Schreibe diese Aspekte auf, um ein klares Bild davon zu bekommen, was ein positives Leben für dich bedeutet.

Ein weiterer wichtiger Schritt ist, deine Werte zu erkennen. Werte sind die Prinzipien, die uns leiten und nach denen wir unser Leben ausrichten möchten. Frage dich: „Was ist mir wirklich wichtig?" Vielleicht sind dir Ehrlichkeit, Freundlichkeit, Freiheit oder persönliches Wachstum besonders wichtig. Diese Werte sind wie das Fundament deiner Lebensvision – sie geben ihr Tiefe und Bedeutung und helfen dir, Entscheidungen zu treffen, die im Einklang mit deinem wahren Selbst stehen. Wenn du deine Werte kennst, wird es leichter, eine Lebensvision zu entwerfen, die wirklich authentisch und erfüllend ist.

Ein hilfreiches Werkzeug zur Definition deiner Lebensvision ist die Visualisierung. Schließe die Augen und stelle dir vor, wie dein ideales Leben aussieht. Wo lebst du? Wie verbringst du deine Tage? Mit wem bist du zusammen? Visualisiere alle Details, die dir wichtig sind, und lasse diese Bilder lebendig werden. Diese Visualisierung hilft dir, deine wahren Wünsche und Ziele klarer zu erkennen und ein Bild davon zu schaffen, wie ein positives Leben für dich aussieht. Diese Übung gibt dir einen konkreten Eindruck davon, wie du dein Leben gestalten möchtest und welche Elemente dir dabei besonders wichtig sind.

Auch das Setzen langfristiger Ziele ist ein wichtiger Bestandteil deiner

Lebensvision. Frage dich: „Wo möchte ich in fünf, zehn oder zwanzig Jahren stehen?" Diese Frage erfordert, über den jetzigen Moment hinauszudenken und deine Träume und Ambitionen in den Blick zu nehmen. Überlege, welche Ziele dich erfüllen würden und welche Schritte du unternehmen musst, um sie zu erreichen. Langfristige Ziele geben deiner Lebensvision Struktur und helfen dir, den Weg zum positiven Leben klarer zu erkennen. Denke daran, dass diese Ziele flexibel sein können – sie dienen als Orientierung und können im Laufe des Lebens angepasst werden, wenn sich deine Prioritäten ändern.

Eine positive Lebensvision umfasst auch die Beziehungen, die du pflegen möchtest. Menschen, die dich unterstützen und inspirieren, spielen eine entscheidende Rolle für dein Wohlbefinden. Überlege dir, welche Art von Beziehungen du in deinem Leben pflegen möchtest und wie du aktiv daran arbeiten kannst, diese Verbindungen zu stärken. Vielleicht möchtest du tiefe, bedeutungsvolle Beziehungen aufbauen oder lernen, gesunde Grenzen zu setzen, um Raum für dein persönliches Wachstum zu schaffen. Diese Aspekte der Beziehungen sollten ein integraler Bestandteil deiner Lebensvision sein, da sie zu einem positiven und erfüllten Leben beitragen.

Ein weiterer zentraler Punkt ist die Frage nach deinem Beitrag zur Welt. Überlege dir, wie du anderen helfen oder etwas Positives bewirken möchtest. Ein erfülltes Leben ist oft eng mit dem Gefühl verbunden, etwas Sinnvolles zu tun und anderen zu helfen. Frage dich: „Wie kann ich einen Unterschied machen?" Dieser Beitrag muss nicht immer groß oder spektakulär sein – manchmal sind es die kleinen, täglichen Handlungen, die einen großen Einfluss haben. Indem du deine Vision mit einem Sinn für Beitrag und Verantwortung verbindest, erhältst du eine Lebensvision, die dich innerlich erfüllt und dir das Gefühl gibt, einen positiven Einfluss auf die Welt zu haben.

Selbstfürsorge und persönliches Wachstum sind ebenfalls zentrale Elemente einer positiven Lebensvision. Überlege dir, wie du gut für dich selbst sorgen und kontinuierlich wachsen kannst. Möchtest du bestimmte Fähigkeiten entwickeln, deinen Körper fit halten oder ein achtsames Leben führen? Diese Aspekte tragen zu deinem Wohlbefinden und zur Qualität deines Lebens bei. Indem du Selbstfürsorge und Wachstum in deine Lebensvision integrierst, stellst du sicher, dass du dich selbst nicht vernachlässigst und langfristig gesund und glücklich bleibst.

Es ist auch wichtig, dass deine Lebensvision Flexibilität und Offenheit beinhaltet. Das Leben ist voller Veränderungen und Überraschungen, und eine zu starre Vision kann uns daran hindern, auf neue Chancen einzugehen. Erlaube dir, deine Vision mit der Zeit anzupassen und offen für neue Wege und Möglichkeiten zu sein. Eine positive Lebensvision ist ein lebendiges Bild, das sich weiterentwickeln darf, während du wächst und dich veränderst. Diese Offenheit erlaubt dir, auf Veränderungen flexibel zu reagieren und deine Vision an die neuen Gegebenheiten anzupassen.

Die Definition einer Lebensvision erfordert Zeit und Geduld. Es ist ein Prozess, der mit Selbstreflexion und Bewusstsein verbunden ist. Nimm dir regelmäßig Zeit, über deine Vision nachzudenken und sie bei Bedarf zu überarbeiten. Du kannst dir beispielsweise ein Visionboard gestalten oder ein Tagebuch führen, um deine Gedanken und Wünsche festzuhalten. Diese regelmäßige Beschäftigung mit deiner Vision hilft dir, sie lebendig zu halten und sicherzustellen, dass sie dir im Alltag als Orientierung und Motivation dient.

Abschließend ist es wichtig, deine Vision in konkrete Schritte zu übersetzen und sie aktiv zu leben. Eine Lebensvision bleibt wirkungslos, wenn wir sie nur als Traum betrachten. Überlege dir, welche kleinen und großen Schritte du heute unternehmen kannst, um dich deiner Vision anzunähern. Jede Handlung, die im Einklang mit deiner Vision steht, bringt dich näher an ein Leben, das sich authentisch und erfüllend anfühlt. Deine Vision ist ein Geschenk, das du dir selbst machst – sie erinnert dich daran, dass du die Gestaltungsmacht über dein Leben hast und es in der Hand liegt, ein positives und erfülltes Leben zu führen.

2. Ziele setzen, die deinen Werten entsprechen

Ziele, die mit unseren tiefsten Werten übereinstimmen, verleihen unserem Leben Sinn und Richtung. Sie geben uns nicht nur einen Grund, morgens motiviert aufzustehen, sondern auch die Energie und die Leidenschaft, Herausforderungen anzunehmen und mit Hingabe an unseren Träumen zu arbeiten. Wenn wir uns jedoch Ziele setzen, die nicht im Einklang mit unseren Werten stehen, kann es sein, dass wir uns leer und unzufrieden fühlen, selbst wenn wir diese Ziele erreichen. Das Setzen von Zielen, die unseren Werten entsprechen, ist daher ein entscheidender Schritt zu einem erfüllten und authentischen Leben.

Ein erster Schritt, um wertorientierte Ziele zu setzen, besteht darin, sich klar über die eigenen Werte zu werden. Werte sind die Prinzipien, die uns leiten und die unser Handeln und Denken prägen. Sie sind wie ein innerer Kompass, der uns anzeigt, was uns wirklich wichtig ist. Nimm dir bewusst Zeit, um über deine persönlichen Werte nachzudenken. Frage dich: „Was ist mir im Leben am wichtigsten? Welche Qualitäten oder Prinzipien möchte ich in meinem Alltag leben?" Vielleicht sind dir Werte wie Ehrlichkeit, Freiheit, Familie, Gesundheit oder Kreativität besonders wichtig. Diese Werte geben dir Hinweise darauf, welche Ziele wirklich Bedeutung für dich haben und dich langfristig erfüllen werden.

Sobald du deine Werte erkannt hast, kannst du dir Ziele setzen, die im Einklang mit diesen Werten stehen. Wenn dir zum Beispiel Gesundheit und Selbstfürsorge wichtig sind, könntest du dir das Ziel setzen, regelmäßige Bewegung und gesunde Ernährung in deinen Alltag zu integrieren. Wenn dir persönliche Entwicklung und Lernen wichtig sind, könntest du dir das Ziel setzen, eine neue Fähigkeit zu erlernen oder regelmäßig Bücher zu lesen, die deinen Horizont erweitern. Indem du dir Ziele setzt, die deine Werte widerspiegeln, schaffst du eine starke Grundlage für Motivation und Freude bei der Verwirklichung deiner Vorhaben.

Ein wertvolles Ziel zeichnet sich dadurch aus, dass es dich nicht nur kurzfristig motiviert, sondern dir auch langfristig ein Gefühl von Erfüllung gibt. Frage dich bei jedem Ziel, das du dir setzt: „Warum ist mir dieses Ziel wichtig? Wie trägt es zu dem Leben bei, das ich mir wünsche?" Diese Fragen helfen dir, die tieferen Gründe hinter deinen Zielen zu erkennen und sicherzustellen, dass sie nicht nur oberflächlich sind. Wenn du den Sinn hinter deinen Zielen verstehst, wird es dir leichter fallen, auch in schwierigen Momenten durchzuhalten und an deinen Vorhaben festzuhalten.

Ein weiterer wichtiger Schritt ist, deine Ziele klar und konkret zu formulieren. Ziele, die vage und ungenau sind, verlieren schnell ihre Kraft und machen es schwer, fokussiert zu bleiben. Anstatt dir zum Beispiel das Ziel zu setzen, „mehr Sport zu machen", könntest du dir das Ziel setzen, „dreimal pro Woche eine halbe Stunde zu joggen". Diese Konkretisierung macht es dir leichter, deine Fortschritte zu messen und motiviert zu bleiben. Klare und präzise formulierte Ziele geben dir eine Struktur, die dich unterstützt und dir hilft, deine Energie gezielt einzusetzen.

Das Setzen realistischer und erreichbarer Zwischenziele ist ebenfalls wichtig, um motiviert zu bleiben und Schritt für Schritt auf dein großes Ziel hinzuarbeiten. Große Ziele können oft überwältigend wirken und den Eindruck vermitteln, dass der Weg dorthin zu lang oder zu schwer ist. Doch wenn du dein Ziel in kleinere, machbare Schritte unterteilst, wird es überschaubarer und erreichbarer. Diese kleinen Etappenziele geben dir die Möglichkeit, dich über jeden Fortschritt zu freuen und die Motivation hochzuhalten. Jede Etappe bringt dich deinem Ziel ein Stück näher und stärkt das Gefühl, dass du deine Werte tatsächlich in die Realität umsetzt.

Wertebasierte Ziele erfordern auch, dass du auf dich selbst und deine Intuition hörst. Es kann verlockend sein, Ziele zu setzen, die gesellschaftlich als „erfolgreich" oder „wichtig" gelten, doch wenn diese Ziele nicht wirklich zu dir passen, wirst du dich möglicherweise nicht erfüllt fühlen, selbst wenn du sie erreichst. Frage dich bei jedem Ziel, das du dir setzt: „Ist das wirklich mein eigenes Ziel, oder strebe ich es an, weil ich glaube, dass ich es tun sollte?" Diese Ehrlichkeit mit dir selbst hilft dir, dich auf das zu konzentrieren, was dir wirklich wichtig ist, und dich nicht von äußeren Erwartungen oder gesellschaftlichen Normen beeinflussen zu lassen.

Auch die Bereitschaft, deine Ziele regelmäßig zu überprüfen und bei Bedarf anzupassen, ist entscheidend. Das Leben verändert sich ständig, und unsere Werte und Prioritäten können sich im Laufe der Zeit ebenfalls wandeln. Nimm dir regelmäßig Zeit, um über deine Ziele nachzudenken und zu prüfen, ob sie immer noch mit deinen aktuellen Werten übereinstimmen. Wenn du feststellst, dass ein Ziel nicht mehr zu dir passt, sei offen, es loszulassen oder zu verändern. Diese Flexibilität erlaubt es dir, authentisch und im Einklang mit dir selbst zu bleiben und deine Energie auf Ziele zu lenken, die dich wirklich erfüllen.

Ein weiterer wertvoller Schritt, um wertorientierte Ziele zu setzen, ist das Einholen von Unterstützung. Menschen, die deine Werte teilen oder dich in deinem Wachstum unterstützen, können dir helfen, deine Ziele klarer zu formulieren und motiviert zu bleiben. Teile deine Ziele mit einer vertrauten Person oder finde eine Gruppe von Menschen, die ähnliche Werte und Ziele haben. Dieser Austausch gibt dir ein Gefühl der Verbundenheit und bietet dir die Möglichkeit, dich gegenseitig zu ermutigen und voneinander zu lernen.

Schließlich ist es hilfreich, sich regelmäßig daran zu erinnern, warum du dir diese wertorientierten Ziele gesetzt hast. Diese Erinnerung hilft dir, den Fokus zu behalten und dich an die tiefere Bedeutung deiner Ziele zu erinnern, besonders wenn Hindernisse oder Herausforderungen auftauchen. Führe ein Tagebuch, in dem du deine Gedanken und Fortschritte festhältst, oder gestalte ein Vision Board, das dir deine Werte und Ziele täglich vor Augen führt. Diese visuellen und schriftlichen Erinnerungen geben dir Kraft und helfen dir, auch in schwierigen Zeiten an deinen wertorientierten Zielen festzuhalten.

Ziele, die unseren Werten entsprechen, sind wie Wegweiser, die uns zeigen, was für uns im Leben wirklich zählt. Sie geben uns das Gefühl, im Einklang mit uns selbst zu handeln, und helfen uns, unser Leben bewusst und erfüllt zu gestalten. Indem wir uns die Zeit nehmen, unsere Werte zu erkennen und Ziele zu setzen, die diese Werte widerspiegeln, schaffen wir eine solide Grundlage für ein authentisches und sinnvolles Leben. Jedes wertorientierte Ziel bringt uns ein Stück näher zu dem Leben, das wir uns wünschen, und erfüllt uns mit einem tiefen Gefühl von Zufriedenheit und Sinn.

3.Kleine Erfolge auf dem Weg feiern

Auf dem Weg zu unseren Zielen spielen kleine Erfolge eine entscheidende Rolle. Sie sind wie Wegmarkierungen, die uns daran erinnern, dass wir auf dem richtigen Pfad sind und dass jeder kleine Schritt uns unserem großen Ziel näherbringt. Oft neigen wir dazu, nur das Endziel im Blick zu haben und die kleinen Erfolge auf dem Weg dorthin zu übersehen. Doch wenn wir lernen, diese kleinen Siege bewusst wahrzunehmen und zu feiern, steigern wir unsere Motivation und das Gefühl von Erfüllung und Freude. Kleine Erfolge zu feiern gibt uns Kraft und Zuversicht, um auch in schwierigen Phasen auf Kurs zu bleiben und den Weg mit einem positiven Gefühl fortzusetzen.

Ein erster Schritt, um kleine Erfolge zu feiern, besteht darin, sie überhaupt bewusst wahrzunehmen und anzuerkennen. Viele Fortschritte scheinen uns selbstverständlich oder zu unbedeutend, um sie zu würdigen. Doch selbst der kleinste Schritt verdient Anerkennung, denn jeder Fortschritt ist das Ergebnis von Engagement und Willenskraft. Nimm dir am Ende eines jeden Tages bewusst Zeit, um über deine Fortschritte nachzudenken und dir klarzumachen, was du erreicht hast – sei es ein erfolgreiches Gespräch, das Erledigen einer Aufgabe oder das Durchhalten in einer schwierigen Situation. Dieses tägliche Innehalten hilft dir, ein Gefühl der Zufriedenheit und Wertschätzung für deine eigenen Leistungen zu entwickeln.

Eine wertvolle Methode, um kleine Erfolge zu feiern, ist das Führen eines Erfolgsjournals. In diesem Journal kannst du all die kleinen und großen Erfolge festhalten, die du im Laufe deiner Reise erlebst. Durch das Aufschreiben dieser Erfolge wird jeder Fortschritt greifbar und bleibt in Erinnerung. An Tagen, an denen du vielleicht weniger motiviert oder entmutigt bist, kannst du das Erfolgsjournal durchblättern und dir vor Augen führen, wie viel du bereits geschafft hast. Dieses positive Feedback stärkt dein Selbstvertrauen und gibt dir die Motivation, weiterzumachen, auch wenn der Weg manchmal steinig ist.

Das Feiern kleiner Erfolge bedeutet auch, sich selbst kleine Belohnungen zu gönnen. Diese Belohnungen müssen nicht aufwendig oder materiell sein – oft reicht eine einfache, kleine Freude, um uns zu ermutigen und uns ein gutes Gefühl zu geben. Vielleicht gönnst du dir nach einem erfolgreichen Tag eine Tasse deines Lieblingstees, ein gutes Buch oder einen Spaziergang an der frischen Luft. Solche Belohnungen sind wie kleine Geschenke an dich selbst, die dir zeigen, dass du deine Bemühungen wertschätzt und gut für dich sorgst. Sie erinnern dich daran, dass jeder Schritt auf dem Weg eine Anerkennung verdient.

Eine weitere Möglichkeit, kleine Erfolge zu feiern, ist, sie mit anderen zu teilen. Menschen, die dir nahe stehen und dich unterstützen, freuen sich oft genauso über deine Fortschritte wie du selbst. Erzähl ihnen von deinen Erfolgen und lass sie an deinem Weg teilhaben. Dieser Austausch gibt dir das Gefühl, nicht allein zu sein, und fördert das Gefühl der Verbundenheit. Andere Menschen können dir zusätzliches Feedback und Anerkennung geben, die deine Motivation stärken und dir helfen, auch bei Herausforderungen positiv zu bleiben.

Auch Visualisierungen sind eine kraftvolle Methode, um kleine Erfolge bewusst wahrzunehmen und zu feiern. Stell dir vor, wie du dein Ziel Schritt für Schritt erreichst und wie jeder kleine Erfolg dich weiter voranbringt. Visualisiere die positiven Gefühle, die du bei jedem Fortschritt verspürst, und lass diese Emotionen in dir lebendig werden. Diese Visualisierung gibt dir ein klares Bild davon, dass deine Bemühungen Wirkung zeigen und dass jeder kleine Erfolg dich dem großen Ziel näherbringt. Sie schafft ein positives Mindset und gibt dir die Zuversicht, dass du auf dem richtigen Weg bist.

Das Setzen von Etappenzielen ist ebenfalls eine effektive Methode, um kleine Erfolge zu feiern. Große Ziele können oft überwältigend erscheinen und das Gefühl erzeugen, dass sie unerreichbar sind. Doch indem du dein Ziel in kleinere, erreichbare Schritte unterteilst, schaffst du klare Etappen, die du nacheinander erreichen kannst. Jedes Mal, wenn du eine Etappe erfolgreich abschließt, feierst du einen kleinen Erfolg, der dich motiviert und dir zeigt, dass du vorankommst. Diese Etappenziele geben dir eine Struktur und machen das große Ziel überschaubar und realistisch.

Das Erkennen und Feiern kleiner Erfolge fördert auch das Gefühl von Dankbarkeit. Dankbarkeit erinnert uns daran, dass jeder Fortschritt wertvoll ist und dass wir auf dem Weg zu unseren Zielen eine Menge lernen und wachsen. Wenn du regelmäßig dankbar für deine Erfolge bist, wirst du automatisch auf das Positive in deinem Leben fokussiert. Diese positive Einstellung stärkt deine innere Zufriedenheit und gibt dir die Kraft, auch in schwierigen Zeiten an deinen Träumen festzuhalten. Dankbarkeit ist wie ein Anker, der dich daran erinnert, dass jeder Schritt, so klein er auch sein mag, Teil deiner Reise ist.

Ein weiterer wichtiger Aspekt beim Feiern kleiner Erfolge ist Geduld. Es ist wichtig, sich selbst die Zeit zu geben, die notwendig ist, um das große Ziel zu erreichen. Manche Erfolge kommen langsam und erfordern viele kleine Schritte. Geduld erinnert uns daran, dass Wachstum ein Prozess ist und dass jeder kleine Erfolg uns auf diesem Weg begleitet. Geduldige Menschen neigen dazu, den Weg zu genießen und sich über die kleinen Fortschritte zu freuen, anstatt ständig nur auf das Endziel zu blicken. Diese Geduld hilft dir, deinen Weg mit Ruhe und Gelassenheit zu gehen und dich nicht von Rückschlägen entmutigen zu lassen.

Die bewusste Entscheidung, kleine Erfolge zu feiern, schafft eine positive und unterstützende Einstellung zu dir selbst und deinem Weg. Sie hilft dir, dein Selbstvertrauen zu stärken und das Gefühl zu entwickeln, dass du auf dem richtigen Weg bist. Jeder kleine Erfolg ist ein Meilenstein, der dich motiviert und dir zeigt, dass du in der Lage bist, deine Ziele zu erreichen. Indem du diese Erfolge würdigst und feierst, förderst du eine stabile innere Einstellung und die Fähigkeit, auch in schwierigen Zeiten optimistisch und zuversichtlich zu bleiben.

Kleine Erfolge sind wie Bausteine, die das Fundament für dein großes Ziel bilden. Sie zeigen dir, dass jeder Schritt zählt und dass du auf deinem Weg fortschreitest. Das Feiern dieser Erfolge gibt deinem Weg eine besondere Qualität und erinnert dich daran, dass der Weg selbst genauso wertvoll ist wie das Ziel. Jedes Mal, wenn du dir die Zeit nimmst, einen kleinen Erfolg zu feiern, wächst deine innere Stärke und das Vertrauen in dich selbst. So wird der Weg zu deinem Ziel nicht nur zu einer Reise des Wachstums, sondern auch zu einer Quelle von Freude und Erfüllung.

4. Deine Reise, um dein Leben von innen heraus zu verändern

Die Entscheidung, das Leben von innen heraus zu verändern, ist eine der kraftvollsten, die wir treffen können. Sie erfordert Mut, Selbstreflexion und die Bereitschaft, alte Muster zu hinterfragen und neue Wege zu gehen. Doch diese innere Veränderung ist kein schneller Prozess und auch kein gerader Weg – sie ist eine Reise, die uns dazu einlädt, tiefer zu schauen, uns selbst besser zu verstehen und Schritt für Schritt ein Leben aufzubauen, das uns wirklich erfüllt. Diese Reise beginnt im Inneren, bei unseren Gedanken, Überzeugungen und Werten, und wirkt sich nach und nach auf unser gesamtes Leben aus. Indem wir diese Transformation von innen heraus anstreben, schaffen wir die Grundlage für ein Leben, das authentisch, sinnvoll und voller Zufriedenheit ist.

Ein erster Schritt auf dieser Reise besteht darin, sich selbst ehrlich zu betrachten und die eigenen Bedürfnisse und Wünsche zu erkennen. Oft lassen wir uns im Alltag von äußeren Erwartungen und Verpflichtungen leiten, ohne wirklich darüber nachzudenken, was wir selbst wollen. Die Reise, das Leben von innen heraus zu verändern, beginnt damit, innezuhalten und sich selbst zu fragen: „Was ist mir wirklich wichtig? Wie möchte ich mein Leben gestalten?" Diese Reflexion hilft uns, uns auf das zu konzentrieren, was uns wirklich erfüllt, und gibt uns die Kraft, die ersten Schritte zur Veränderung zu gehen.

Ein zentraler Teil dieser inneren Transformation ist das Loslassen alter Überzeugungen und Gewohnheiten, die uns nicht länger dienen. Viele unserer Gedanken und Verhaltensweisen sind tief in uns verankert und beeinflussen, wie wir die Welt sehen und wie wir auf Herausforderungen reagieren. Diese Muster loszulassen erfordert Geduld und Bewusstsein, doch es ist der Schlüssel zu einem neuen Leben. Frage dich, welche Überzeugungen dich vielleicht zurückhalten oder dein Wachstum blockieren. Indem du diese Gedanken hinterfragst und durch positivere Überzeugungen ersetzt, schaffst du Platz für neue Möglichkeiten und eine veränderte Wahrnehmung deiner selbst und der Welt.

Achtsamkeit ist ein weiterer wichtiger Aspekt auf dieser Reise. Indem wir lernen, im Moment zu leben und unsere Gedanken und Gefühle bewusst wahrzunehmen, gewinnen wir eine neue Perspektive auf unser Leben. Achtsamkeit hilft uns, aus dem Autopilot-Modus auszubrechen und bewusster Entscheidungen zu treffen, die im Einklang mit unseren Zielen und Werten stehen. Die Praxis der Achtsamkeit ermöglicht es uns, inneren Frieden zu finden und uns weniger von äußeren Umständen beeinflussen zu lassen. Auf diese Weise wird die Reise, unser Leben von innen heraus zu verändern, zu einer Übung in Bewusstsein und Präsenz, die uns hilft, authentisch und mit Klarheit zu leben.

Auch das Vertrauen in uns selbst spielt eine zentrale Rolle. Auf dieser Reise gibt es keine festgelegte Route und oft auch keine garantierten

Ergebnisse. Doch das Vertrauen in die eigene Fähigkeit, Veränderungen zu bewirken und Herausforderungen zu meistern, gibt uns die Sicherheit, uns auf diese Reise einzulassen. Indem wir lernen, auf uns selbst zu hören und uns selbst zu vertrauen, stärken wir unsere Resilienz und unser Selbstbewusstsein. Dieses Vertrauen hilft uns, den Weg auch dann fortzusetzen, wenn wir auf Hindernisse stoßen oder unsicher sind. Wir erkennen, dass wir die Kraft haben, unser Leben positiv zu gestalten und unsere Träume zu verwirklichen.

Ein weiterer wesentlicher Schritt auf dieser Reise ist das Setzen klarer Absichten. Absichten sind wie eine Landkarte, die uns auf unserem Weg leitet. Frage dich, was du in deinem Leben erreichen und erfahren möchtest, und setze dir klare, positive Absichten für dein Handeln. Diese Absichten helfen dir, fokussiert und motiviert zu bleiben und dein Leben bewusst in die gewünschte Richtung zu lenken. Sie sind eine Erinnerung daran, warum du diese Reise angetreten hast und geben dir die Kraft, auch bei Rückschlägen am Ball zu bleiben.

Selbstfürsorge und Mitgefühl sind auf dieser Reise ebenfalls unverzichtbar. Eine innere Transformation erfordert viel Energie und die Bereitschaft, sich mit den eigenen Ängsten und Schwächen auseinanderzusetzen. Sei dabei freundlich zu dir selbst und achte darauf, gut für dich zu sorgen. Selbstfürsorge bedeutet, dir regelmäßig Zeit für Ruhe, Erholung und Freude zu nehmen. Mitgefühl für dich selbst zu entwickeln hilft dir, geduldig und liebevoll mit dir umzugehen, wenn du auf Schwierigkeiten triffst oder Rückschläge erlebst. Dieses Mitgefühl stärkt deine innere Kraft und gibt dir die Ausdauer, auch dann weiterzumachen, wenn der Weg steinig ist.

Die Veränderung deines Lebens von innen heraus ist auch eine Reise der kontinuierlichen Selbstentwicklung. Jeder Schritt, den du gehst, jedes Hindernis, das du überwindest, und jede Erkenntnis, die du gewinnst, trägt zu deinem Wachstum bei. Du lernst, dich selbst besser zu verstehen und deine Fähigkeiten weiterzuentwickeln. Indem du dich immer wieder neuen Herausforderungen stellst und bereit bist, zu lernen, öffnest du dich für ein Leben voller Möglichkeiten und Potenzial. Selbstentwicklung bedeutet, dass du dich als Mensch ständig weiterentwickelst und dich dem Leben mit Offenheit und Neugierde näherst.

Ein wesentlicher Teil dieser Reise ist auch die Verbindung zu anderen Menschen, die ebenfalls auf ihrem eigenen Weg der Veränderung sind. Der Austausch mit Gleichgesinnten kann inspirierend und unterstützend wirken. Du kannst von ihren Erfahrungen lernen und dich gegenseitig ermutigen, wenn der Weg herausfordernd wird. Diese Gemeinschaft gibt dir das Gefühl, nicht allein zu sein und zeigt dir, dass es viele Menschen gibt, die ebenfalls ihr Leben von innen heraus verändern möchten. Gemeinsam könnt ihr ein Netzwerk der Unterstützung und Inspiration aufbauen, das euch auf eurer Reise begleitet.

Schließlich ist es wichtig, das Leben als fortlaufenden Prozess zu betrachten. Die Veränderung von innen heraus ist keine einmalige Entscheidung, sondern ein lebenslanger Weg. Es wird immer wieder neue Herausforderungen, Erkenntnisse und Erfahrungen geben, die dich weiter formen und wachsen lassen. Indem du die Reise selbst als wertvoll und bedeutungsvoll ansiehst, entwickelst du eine tiefe Zufriedenheit und das Gefühl, dass jeder Moment Teil deiner Entwicklung ist. Diese Sichtweise hilft dir, den Weg mit Gelassenheit und Dankbarkeit zu gehen und auch die kleinen Schritte und Fortschritte wertzuschätzen.

Dein Leben von innen heraus zu verändern bedeutet, dir die Macht und die Verantwortung zu nehmen, dein Leben aktiv zu gestalten. Es ist eine Reise zu dir selbst, zu deinem inneren Potenzial und zu einem Leben, das wirklich zu dir passt. Indem du dich auf diesen Weg einlässt, entwickelst du eine tiefe Verbundenheit mit dir selbst und ein Gefühl von Erfüllung, das von innen heraus kommt. Jeder Schritt auf dieser Reise bringt dich näher zu einem Leben voller Zufriedenheit, Sinn und Freude.

Schlussfolgerung

Am Ende dieser Reise durch die Kraft des positiven Denkens und die Prinzipien des persönlichen Wachstums stehen wir an einem Punkt, an dem wir zurückblicken und die Veränderungen in uns selbst und in unserem Leben würdigen können. Diese Schlussfolgerung ist kein Ende, sondern vielmehr ein neuer Anfang, eine Einladung, das Gelernte aktiv und bewusst in den Alltag zu integrieren. Positive Gedanken und das Streben nach innerem Wachstum sind wie Samen, die wir gepflanzt haben. Sie brauchen Geduld, Fürsorge und Beständigkeit, um zu wachsen und zu einem erfüllten Leben zu führen. Die Lektionen und Werkzeuge, die wir auf dieser Reise gesammelt haben, bieten uns die Möglichkeit, eine neue Perspektive zu entwickeln und unser Leben bewusster zu gestalten.

Der erste Schritt, um das Gelernte in die Praxis umzusetzen, besteht darin, uns an die Kraft der kleinen Veränderungen zu erinnern. Große Transformationen geschehen selten über Nacht – sie entstehen durch die Summe kleiner, bewusster Entscheidungen, die wir Tag für Tag treffen. Wir haben gelernt, dass selbst die kleinste positive Handlung, sei es ein dankbarer Gedanke am Morgen oder ein freundliches Wort zu einem anderen Menschen, eine enorme Wirkung haben kann. Diese kleinen Schritte summieren sich und schaffen eine Grundlage für tiefgreifende Veränderungen. Indem wir jeden Tag bewusst wählen, wie wir denken, sprechen und handeln, bauen wir ein Leben auf, das im Einklang mit unseren Werten und Zielen steht.

Ein wichtiger Aspekt der Schlussfolgerung ist das Verständnis, dass positives Denken nicht bedeutet, Schwierigkeiten oder negative Emotionen zu ignorieren. Vielmehr geht es darum, eine ausgeglichene und achtsame Haltung einzunehmen, die es uns ermöglicht, Herausforderungen mit Mut und Resilienz zu begegnen. Schwierigkeiten sind ein unvermeidbarer Teil des Lebens, aber durch die Prinzipien des positiven Denkens haben wir nun Werkzeuge, um mit ihnen umzugehen und sie als Wachstumschancen zu betrachten. Wir haben gelernt, dass selbst in den schwierigsten Zeiten positive Gedanken und Hoffnung uns helfen können, den Blick nach vorn zu richten und aus jeder Situation etwas Wertvolles zu lernen.

Ein weiterer zentraler Punkt ist die Bedeutung von Selbstfürsorge und Mitgefühl. Auf unserer Reise haben wir erkannt, dass es wichtig ist, nicht nur für andere da zu sein, sondern auch gut für uns selbst zu sorgen. Selbstfürsorge ist kein Luxus, sondern eine Notwendigkeit, um langfristig gesund und ausgeglichen zu bleiben. Indem wir lernen, uns selbst mit derselben Freundlichkeit und Geduld zu behandeln, die wir anderen entgegenbringen, stärken wir unser inneres Gleichgewicht und schaffen eine Grundlage, auf der wahres Wachstum möglich ist. Selbstmitgefühl erlaubt es uns, uns in schwierigen Momenten zu unterstützen und uns selbst die Zeit und den Raum zu geben, die wir brauchen, um uns zu entwickeln.

Auch die Rolle der Dankbarkeit ist ein wichtiger Aspekt, den wir mitnehmen sollten. Dankbarkeit ist wie ein Leuchtturm, der uns hilft, das Positive im Leben wahrzunehmen, auch wenn die Zeiten herausfordernd sind. Dankbarkeit verändert unseren Blick auf die Welt und erinnert uns daran, dass wir jeden Tag etwas zu schätzen haben. Indem wir regelmäßig darüber nachdenken, wofür wir dankbar sind, lenken wir unsere Aufmerksamkeit weg von Mangelgedanken hin zu Fülle und Zufriedenheit. Diese Haltung der Dankbarkeit ist eine wertvolle Quelle der Energie und Lebensfreude, die uns stärkt und unser Wohlbefinden nachhaltig fördert.

Ein wesentlicher Teil dieser Schlussfolgerung ist auch die Erkenntnis, dass die Reise niemals wirklich endet. Das Streben nach persönlichem Wachstum und positivem Denken ist ein lebenslanger Prozess, der uns ständig neue Einsichten und Gelegenheiten zur Weiterentwicklung bietet. Jeder neue Tag ist eine Gelegenheit, das Gelernte zu vertiefen und zu verfeinern, neue Perspektiven zu entwickeln und noch bewusster zu leben. Wir dürfen uns erlauben, in unserem eigenen Tempo zu wachsen, und verstehen, dass jeder Fortschritt – ob groß oder klein – ein Schritt in die richtige Richtung ist.

Abschließend bleibt uns die Einladung, das Leben als das wertvolle Geschenk zu betrachten, das es ist. Dieses Buch war eine Reise zu mehr Positivität, Selbstfürsorge und innerem Wachstum, doch die wahre Erfüllung liegt darin, das Gelernte im Alltag lebendig zu halten. Jeder von uns hat die Macht, das eigene Leben bewusst zu gestalten und sich für Gedanken, Worte und Taten zu entscheiden, die uns und unsere Mitmenschen stärken und bereichern. Wir haben die Fähigkeit, ein Leben voller Sinn, Freude und Zufriedenheit zu schaffen – ein Leben, das im Einklang mit unserem wahren Selbst steht. Diese Schlussfolgerung ist daher kein endgültiger Abschluss, sondern der Beginn einer neuen Phase, in der wir das Positive nicht nur in uns selbst, sondern auch in der Welt um uns herum verbreiten können.

Danksagungen

Die Entstehung dieses Buches war eine inspirierende Reise, die ohne die Unterstützung, Einsicht und Ermutigung vieler Menschen nicht möglich gewesen wäre. Zunächst möchte ich meiner Familie und meinen Freunden meinen tiefsten Dank aussprechen, deren beständige Unterstützung mir stets eine große Motivation war. Euer Glaube an mich hat mir geholfen, den Fokus zu behalten und meine Vision für dieses Werk zu verwirklichen.

Ich bin auch meinen Mentoren und Kollegen äußerst dankbar, die ihr Wissen und ihre Ratschläge mit mir geteilt haben. Euer Feedback, eure Ermutigung und Einsichten haben diesem Buch Tiefe verliehen und mein eigenes Verständnis von Positivität und persönlichem Wachstum bereichert.

Zuletzt möchte ich mich bei Ihnen, dem Leser, bedanken. Danke, dass Sie Ihre Zeit und Ihr Vertrauen in dieses Buch investiert haben. Es ist mir eine Ehre, Teil Ihrer Reise zu sein, und ich hoffe, dass diese Worte Ihnen auf Ihrem Weg zur Inspiration und Stärke dienen. Möge dieses Buch Ihnen ebenso viel Wert bringen, wie die Reise des Schreibens mir Erfüllung und Sinn gebracht hat.

Empfohlene Ressourcen

Für alle, die tiefer einsteigen möchten, empfehle ich die folgenden Ressourcen, die mich in meinem Verständnis von Positivität, Resilienz und persönlichem Wachstum inspiriert und begleitet haben. Diese Bücher, Webseiten und Apps bieten praktische Einblicke und Werkzeuge, die die Praktiken in diesem Buch ergänzen können.

Bücher:
- *Die Macht des positiven Denkens* von Norman Vincent Peale
- *Mindset: Die neue Psychologie des Erfolgs* von Carol S. Dweck
- *Das Wunder der Achtsamkeit* von Thich Nhat Hanh
- *Atomic Habits: Kleine Gewohnheiten, große Wirkung* von James Clear

Webseiten & Blogs:
- Positive Psychology (positivepsychology.com)
- Tiny Buddha (tinybuddha.com)
- Mindful (mindful.org)

Apps:
- Headspace – für Achtsamkeit und Meditation
- Gratitude – für tägliche Dankbarkeitsübungen
- Calm – für Entspannung, Achtsamkeit und Stressabbau

Diese Ressourcen bieten verschiedene Perspektiven und Techniken, die Ihnen auf Ihrem Weg zu einem positiven und erfüllten Leben weiterhelfen können. Erkunden Sie, was Ihnen zusagt, und integrieren Sie es in Ihre Praxis.

Selbstbewertung und zusätzliche Übungen

Selbstbewertung

Nehmen Sie sich ein paar Minuten Zeit, um über folgende Fragen nachzudenken und Ihre Antworten zu notieren:

1. Welche Bereiche meines Lebens fühlen sich derzeit am positivsten und erfüllendsten an?
2. Wo erlebe ich am häufigsten Stress oder Negativität?

3. Welche täglichen Gewohnheiten pflege ich, um eine positive Denkweise zu fördern?
4. Wie oft übe ich Dankbarkeit, Achtsamkeit oder andere positive Übungen?
5. Welche ein oder zwei Bereiche möchte ich verbessern, um mehr Positivität in mein Leben zu bringen?

Zusätzliche Übungen

Zusätzlich zu den Übungen in diesem Buch finden Sie hier noch einige Möglichkeiten, um Ihre positive Denkweise weiter zu fördern:

- **Wöchentliche Dankbarkeitsreflexion:** Nehmen Sie sich jede Woche Zeit, um Momente zu überdenken, die Ihnen Freude oder Trost gebracht haben. Halten Sie diese in einem speziellen Tagebuch fest.
- **Positive Visualisierung:** Vor einem herausfordernden Ereignis oder einer Aufgabe schließen Sie die Augen und visualisieren Sie ein positives Ergebnis. Stellen Sie sich vor, wie Sie positiv reagieren und sich fühlen werden.
- **Monatliche Fortschrittsüberprüfung:** Überprüfen Sie einmal im Monat, wie sich Ihre Praktiken auf Ihre Stimmung, Resilienz und Interaktionen auswirken. Passen Sie Ihre Ziele oder Routinen an, um weiterhin zu wachsen.

Diese Übungen sowie die Selbstbewertung sollen Ihnen helfen, Ihrer Reise verbunden zu bleiben und Ihr Engagement für Positivität zu vertiefen. Mit der Zeit werden Sie feststellen, dass diese kleinen, beständigen Handlungen nachhaltige Veränderungen bewirken und Ihnen ermöglichen, jeden Tag mit einem Gefühl von Sinn, Dankbarkeit und Freude zu leben.

Über den Autor

Nach meinem Ingenieurstudium begann ich meine Karriere beim weltweit führenden Hersteller von Magnetbändern, wo ich mich auf die Entwicklung, das Design und die Optimierung von Geräten zur Magnetbandproduktion spezialisierte. Zu meinen Aufgaben gehörte alles vom Aufbau der Produktionslinie bis hin zu Geräte-Upgrades, und ich setzte mich leidenschaftlich für Innovation in der Branche ein. Als die Nachfrage nach Magnetbändern jedoch zurückging, entschied ich mich, neue Wege einzuschlagen, die besser zu meinen persönlichen Leidenschaften und Zielen passten.

Diese Entscheidung führte mich in die Welt der Selbstentwicklung und des Unternehmertums, wo ich ein erfolgreiches Online-Geschäft gründete und weiterentwickelte. Durch diese Reise entdeckte ich die tiefgreifende Wirkung, die eine positive Denkweise sowohl auf persönlichen als auch auf beruflichen Erfolg hat. Indem ich meine technische Expertise mit meinem Engagement für persönliches

Wachstum kombinierte, begann ich, Bücher über persönliche Entwicklung und Unternehmensstrategie zu schreiben, um die gewonnenen Einsichten weiterzugeben.

Mein Ziel ist es, anderen zu helfen, ihr Potenzial freizusetzen und ein Leben voller Sinn und Erfüllung zu schaffen. Ich hoffe, dass meine Arbeit den Lesern Werkzeuge und Perspektiven bietet, die sie befähigen, zu wachsen, Herausforderungen zu meistern und ihre Träume zu verwirklichen.

Einladung zu Feedback

Vielen Dank, dass Sie dieses Buch gelesen haben. Ich hoffe, dass es Ihnen wertvolle Einblicke und Inspiration auf Ihrem Weg zu persönlichem und beruflichem Wachstum gegeben hat. Ihre Gedanken und Ihr Feedback sind mir äußerst wichtig, denn sie helfen mir, weiterhin Bücher zu schreiben, die wirklich mit den Lesern in Resonanz treten. Wenn Ihnen dieses Buch gefallen hat, würde ich mich sehr über eine Bewertung auf der Plattform freuen, auf der Sie es erworben haben. Ihr Feedback unterstützt nicht nur meine Arbeit, sondern hilft auch anderen Lesern, Ressourcen zu finden, die für sie nützlich sein könnten.

Falls Sie weitere Kommentare oder Fragen haben, können Sie sich gerne an mich wenden. Ich freue mich stets, von Lesern zu hören und bin offen für Anregungen zu zukünftigen Themen oder Bereichen, auf die ich eingehen könnte. Nochmals vielen Dank, dass Sie mich auf Ihrem Weg begleiten lassen, und ich freue mich darauf, mit Ihnen in Kontakt zu bleiben.

Urheberrechtshinweis

Copyright © [Jahr] von Lucas Martin. Alle Rechte vorbehalten.

Kein Teil dieser Publikation darf ohne vorherige schriftliche Genehmigung des Verlags in irgendeiner Form oder durch irgendwelche Mittel, einschließlich Fotokopieren, Aufnehmen oder andere elektronische oder mechanische Methoden, reproduziert, verbreitet oder übertragen werden, außer in Fällen, die das Urheberrecht gesetzlich erlaubt. Für Genehmigungsanfragen wenden Sie sich bitte direkt an den Verlag oder den Autor.

Dieses Buch ist ein Sachbuch. Obwohl alle Anstrengungen unternommen wurden, um die Genauigkeit zu gewährleisten, übernehmen der Autor und der Verlag keine Verantwortung für Fehler, Auslassungen oder abweichende Interpretationen des hier enthaltenen Inhalts. Dieses Buch soll als Ressource dienen und stellt keinen professionellen Rat dar.

Verfasst im November 2024
Autor: Lucas Martin
Ich hoffe, dass dieses Buch Ihnen auf Ihrer Reise als Leitfaden dient.